세계 속의
리얼 코리아

세계 속의 리얼 코리아

백석기 · 김억 · 이화순 지음

SEOUL PLAZA HOTEL

머리말

1년여 전 어느 만찬에서 두 명의 재미교포가 대화하는 것을 들었습니다.

"대한민국은 비전이 없어요."

한 사람이 확신에 차서 말했습니다.

확신에 찬 그 목소리가 한동안 내 귓가를 맴돌았고, 그 말은 한국과 한국인에 대한 이야기를 글로 쓰게끔 나를 이끌었습니다. 나는 우리 모두의 가슴에 한국인의 자긍심을 심고 싶었고, 한국의 성취 경험이 우리 모두의 것임을 얘기하고 싶었습니다. 한국인이 바로 한국이기 때문입니다.

또한 한국이 어떻게 성장하고 발전했는지, 한국의 진화를 같이 느끼고 싶었습니다. 그것이 우리의 꿈이고, 우리가 성장 발전할 수 있는 전략이며, 우리 각자의 의지이기 때문입니다. 또한 우리는 하나이기 때문입니다. 우리 각자가 꿈을 실현함으로써 한국도 새로운 꿈을 실현할 것입니다.

이 책에서 나는 한국과 한국인의 성공 경험을 새로운 의미와 가치로 창조하기 위해, 우리에게 내재된 메타포 프로그램을 소개할 것입니다. 그런 프로그램이 있다는 것을 의식함으로써 메타포는 여러분의 내부에서 더욱 활발하게 당신을 위해 움직일 것입니다.

우리 한국인은 자신의 것을 씹어 소화시키면서 남이 흉내 낼 수 없는 개성적인 창작물을 빚어내는 독창성이 뛰어납니다. 그런 기질에서 만들어진 한국 음식으로 비빔밥이 있습니다. 비빔밥에는 먹는 사람에 대한 배려가 담겨 있습니다. 각자의 기호에 따라 재료나 양념의 양을 조절할 수 있는 비빔밥은 같은 재료가 들어가도 각기 다른 맛을 내게 됩니다.

이 책도 세 명의 저자가 모여 비빔밥 형식으로 만들어졌습니다. 여러분은 자신의 기호에 맞게 양념을 가감하면서 드시기 바랍니다. 양이 많으면 재료도 덜어내시면서 말입니다. 여러분이 이 비빔밥을 드실 때마다 양념의 가감이 달라지면서 다양한 맛을 느낄 수 있을 것입니다.

만약 책을 본 만큼 성과가 나타난다면 밤을 새워도 행복해 할 사람이 많을 것입니다. 반면에 책을 수없이 읽어도 기대하는 변화가 일어나지 않는다면 피곤하고 힘이 빠질 것입니다. 수많은 자기계발서를 보면서 성과가 없는 것은 대부분의 경우 제대로 먹지 않기 때문입니다. 자신의 것으로 만

들지 못한 것입니다. '재료가 무엇이 들어갔네' '맛이 있겠네' 또는 '흔한 비빔밥이네' 하면서 눈으로 보기만 하기 때문입니다. 하지만 음식은 꼭꼭 씹어 먹어야 피가 되고 살이 됩니다.

이 책은 보는 것이 아니라, 먹음으로써 당신만의 독특한 경험과 정보를 갖게 될 것입니다. 그래서 드시는 방법을 권해드립니다. 책에 밑줄을 긋거나 메모를 하지 마시기 바랍니다. 다시 읽을 때 밑줄 친 내용이나 적은 내용 이상의 생각을 하지 않게 되기 때문입니다. 다른 방향으로 생각을 진전시키거나 창의적으로 발전시키기도 어렵습니다. 더군다나 밑줄 치지 않은 부분은 무심히 흘려버리게도 됩니다.

이 책은 오로지 당신만을 위한 책입니다. 지속적으로 되새김하고 스스로에게 되먹임하면서 매 순간 당신에게 자신감을 심어줄 당신만의 독특한 책입니다. 오직 당신의 현 상황에서 이해하고 당신이 싫은 부분은 덜어내고 먹으면 되는 당신만을 위한 비빔밥입니다.

2010년 5월
이화순

차례

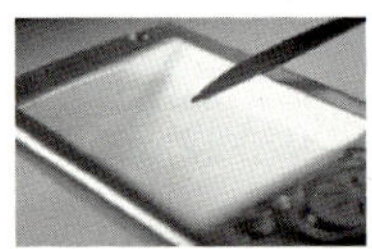

당신의 멋진 미래를 위하여

Real Corea
IN THE WORLD

66 당신이 살아온
어제가 오늘을 만들었다. 오늘의 삶은
내일을 만든다. 내일은 당신이 디자인하는
것이며, 그 디자인은 당신의 꿈에서
출발한다. 99

21세기는 급진적으로 변화가 이루어져서 복잡한 미로 한복판에 있는 듯 어지러움을 느끼게 한다. 하지만 당신이 살아온 어제가 오늘을 만들었다. 오늘의 삶은 내일을 만든다. 내일은 당신이 디자인하는 것이며, 그 디자인은 당신의 꿈에서 출발한다.

과거 '잘살아보세'를 노래하며 꿈을 꾸었기에 지금의 한국이 있다. 미래는 예측하는 것이 아니라 꿈에 의해 만드는 것이다. 꿈은 우리가 일생을 통해 이루어낼 건축물의 디자인과도 같다. 설계도에 입각한 목표들을 하나씩 이루어가면서 모호한 안개를 걷어내야 한다. 점점 가시화되는 건축물을 보면서 우리는 성취를 향한 걸음을 내딛게 된다. 그래서 지금 한국의 꿈과 당신의 꿈은 좀 더 명확한 모습이 되었다. 한국은 세계의 한복판에 리더로서 우뚝 서고, 그 중심에 당신이 있다.

위대한 대한민국이 커지면서 당신도 커진다. 당신의 꿈이 실현되면서 한국도 커진다. 우리의 의식 속에서 탄생한 꿈은 상세한 세부 디자인을 만들어낸다. 그리고 가시화됨으로써 우리를 자극한다. 그것으로 꿈은 계속 확장되고, 성취할 수 있다는 자신감을 키운다.

이제부터 한국인인 당신이 갖고 있는 문화와 감성을 이해하기 위해 많은 사례를 다루며, 이해하기 힘든 메타포에 대해 얘기할 것이다. 그것은 당신에게 '대단한 한국인' 이라는 정체성을 확립시키기 위한 것이다. 그리고 자신에게 내재된 메타포라는 프로그램을 이해시키고, 그것으로 만들어진 자신의 자원을 신뢰하게 하기 위함이다.

당신은 이제 미래를 창조하는 창조자이다. 미래를 불안해할 필요가 없다. 주도적인 삶을 가진 존재이기에 남의 눈치를 볼 필요가 없다. 자신 있게 삶을 디자인하고 도전하는 기쁨 속에 오늘을 사는 것이다. 당신이 디자인한 그대로가 바로 당신의 미래이다.

01 대한민국의 환골탈태

한국의 기적을 가능케 한 추진력은 지금도 새로운 단계로 발전하도록 우리를 몰아붙이고 있다. 이제 당신은 어떠한 일도 이룰 수 있는 대단한 추진력을 가진 사람이 되었다.

1960년대 한국은 1인당 국민소득이 80달러 정도로, 최빈국으로 분류되어 국제 사회의 원조를 받으며 힘겹게 살았다. 하지만 잘살고 싶었던 우리 한국은, 보다 나은 내일을 위하여 과거와는 다른 삶을 선택했다.

인프라 구축을 위해 고속도로 건설을 시작했다. 1970년 7월 경부고속도로가 개통되면서 한국은 본격적인 산업화에 박차를 가했다. 불과 40년이 지난 2009년 11월 한국은 OECD 위원회의 하나로 선진국들의 원조모임

인 개발원조위원회(DAC, Development Assistance Committee)의 회원국이 되었다. 원조를 받던 나라에서 원조를 베푸는 국가로 환골탈태(換骨奪胎)를 한 것이다. 40여 년이라는 짧은 기간에 세계 역사상 볼 수 없었던 위대한 성취를 해냈다. '잘살고 싶다'는 열망은 한국인들을 어제와는 다른 삶의 태도로 이끌었다. 한국인은 하나 된 마음으로 강력한 추진력을 만들어낸 것이다.

한국의 기적을 가능케 한 추진력은 지금도 새로운 단계로 발전하도록 우리를 몰아붙이고 있다. 이제 당신은 어떠한 일도 이룰 수 있는 대단한 추진력을 가진 사람이 되었다.

02 경탄스러운 한국

이미 한국의 성공은 의식하지 못했어도 당신과 하나가 되었다.

1960년대에 한국과 비슷하게 가난한 나라였던 아프리카의 가나 역시 1인당 국민소득이 80달러 정도였다. 하지만 한국은 1990년대에 들어서면서 1인당 국민소득에서 가나를 15배나 앞질러 버렸다. 시간이 지날수록 그 격차는 점점 벌어졌다. 2003년에 들어서자 가나도 1인당 국민소득이 320달러로 1960년에 비해 4배 이상 성장했다. 그러나 그때 한국의 1인당 국민소득은 1만 달러로 1960년에 비해 125배나 뛰어올라 있었다. 40년 만에 한국은 가나를 30배 이상의 큰 차이로 따돌렸고, 경제규모는 세계 220여 국가 중에서 12위권의 대국으로 올라섰다. 이런 발전 속도는 세계 역사상 어디에도 없었다.

『문화가 중요하다 Culture Matters』라는 저서에서 한국을 매우 경탄스러운 나라로 소개한 새뮤엘 헌팅톤(Samuel P. Huntington)은 그 이유를 매우 궁금해했다. 가나는 다른 아프리카 국가들과는 달리 일찍부터 서구화된 나라이다. 기독교도가 전 국민의 69%이고, 영어를 공용어로 사용하는 사람이 70%에 이른다. 인구는 한국의 절반 수준이고, 한국보다 훨씬 풍부한 천연자원을 갖고 있다. 국토 면적은 남북한을 합친 것보다 조금 더 넓은 23만 8500㎢이다.

헌팅톤은 훨씬 유리한 조건의 가나가 한국에 뒤처진 이유를 다각도로 분석하여 연구했다. 그래서 내린 결론은 문화 차이였다. 한국인의 성공 비결은 바로 근면 · 검약 · 교육열 · 극기정신 · 기강 · 조직화 등을 중요시하는 전통문화 때문이라는 것이다.

그렇다면 한국과 비슷한 문화를 가진 국가들이나 비슷한 가치를 지향하는 국가들은 모두 한국처럼 발전할 수 있다는 말인가? 그것은 아니다. 유교 문화권인 아시아의 많은 국가들이 한국과 비슷한 문화를 공유하고 있지만 이들 국가의 발전 속도는 천차만별이다.

그러니 해답은 국민의 기질이 함축된 독자적 문화 환경과 한국을 이루는 한국인에게서 찾을 수밖에 없을 것이다. 한국인의 기질은 다른 나라, 다른 집단과 많은 부분에서 다르다. 그 남다른 기질들이 국민적 공감대를 형성하며 국가발전 전략과 지혜롭게 접목해 강력한 힘과 속도를 내어 기적을 이루어낸 것이다.

그런데 요즘 한국 사회는 급속한 성장에 따른 성장통을 앓고 있다. 우리

에게 자료는 차고 넘치지만 충분히 생각할 시간은 없다. 서둘러 가야 할 목적지가 너무나 많아, 어찌해야 할지를 모른다. 안정 상태를 유지할 때가 너무 적다. 넘쳐나는 자료 속에서 익사할 것 같다. 어디에서나 쉽게 많은 자료를 구할 수 있지만 쓸모 있는 것으로 만들기 전에 지쳐 쓰러질 것 같기 때문이다.

많은 사람들이 전문가와 잘났다고 주장하는 사람들에 주눅이 들어 자신이 갖고 있는 자료를 믿고 활용하기보다는 쫓기듯 더욱 많은 자료를 찾으려 한다. 그저 더 많은 자료를 얻느라 허둥거릴 뿐, 자신이 갖고 있는 알찬 자료들은 거들떠보지도 않는다. 하지만 당신이 경험한 것들, 즉 당신이 이미 소유한 자료들을 종합하여 새로운 형태로 만들면 된다. 당신은 당신이

하고 싶은 그 어떤 일도 이루어낼 수 있다. 그럴 수 있다는 것을 한국의 성공 경험을 통해서 당신의 것으로 만드는 것이다. 아니, 이미 한국의 성공은 의식하지 못했어도 당신과 하나가 되었다.

03 성취 경험의 메타포

메타포는 인간에게 내재된 프로그램으로 창의적인 사고를 가질 수 있는 기본 핵심이다.

한국의 성공은 한국인 모두가 함께 이루어낸 것이다. 한국은 우리 개개 한국인의 집합체이기 때문이다. 40여 년 숨가쁘게 이루어낸 성취 경험을 한국인인 우리 각자가 되새김하고 되먹임하면서 새로운 의미로 다시 기억 속에 저장해야 한다. 한국인 각자의 의식 속에 저장된 성취의 경험은 새로운 의미로 다시 태어난다. 이러한 과정을 메타포라고 한다. 그 과정을 통해 성공은 한국인과 융합되어 나뉠 수 없는 하나가 되는 것이다.

메타포란 몸의 감각을 통한 의식적, 무의식적인 경험을 상상력을 통해서 가치로 만들어 새로운 의미로 전환하여 저장하는 과정을 말한다. 즉, 메타포는 기호와 의미 간의 연결, 혹은 기억 속의 것과 현재의 것 간의 연결과 같은 하나의 다리라고 할 수 있다. '의미의 전이' '기억과 연결' '새로운 의미 창조' 의 세 단계로 반복되며 인간의 내면에서 의식화된다. 이러한 메타포는 인간에게 내재된 프로그램으로 창의적인 사고를 가질 수 있는 기본 핵심이다. 그리고 인간의 두뇌를 시스템화하는 유일한 방법이다.

　한국과 한국인의 성공 경험을 새로운 의미로 창조하기 위해 메타포의 과정으로 한국의 국가 정체성을 확인하고 확장하기 위해 어떠한 환경과 디자인이 필요한지 살펴볼 필요가 있다. 우리가 원하는 삶을 디자인하고 원하는 결과물을 실감나게 느끼기 위해서이다.

Real Corea
IN THE WORLD

오늘날 우리의 삶은 선택해야 하는 것들로 둘러싸여 혼란스럽기까지 하다. 그러다보니 선택의 자유를 포기하고 타의에 휩쓸리기도 한다. 자신의 판단은 사라지고 집단의 힘에 이끌려 주도권을 포기한다. 예를 들어 2002년 월드컵의 개최를 계기로 유명해진 '붉은 악마'는 기존의 마니아층을 넘어 축구에 관심이 없던 사람들마저 축구 열풍에 합류시켰다.

비슷한 예로 '명품 신드롬'을 들 수 있는데, 오늘날 명품은 신분이나 계층을 나타내는 상징체계가 되어, 명품을 가지면 자신이 명품이 된다고 느끼게 된다. 이런 사회현상 때문에 이른바 '짝퉁'이 넘쳐난다. 명품 신드롬은 자기주도권과 정체성을 상실한 집단의 소비 풍조를 대변하고 있다.

하지만 우리는 수많은 선택의 범위 속에서 스스로 선택을 하며 살아가야 한다. 당신의 삶은 당신의 선택에 의해 만들어지는 것임을 인식하고 당신의 삶을 주도하기 위해서는 당신의 정체성을 알아야 한다. 자아정체성(Self-identity)을 형성하고 확장해야 한다는 말이다. 소유한 물질이 당신의 정체성이 될 수는 없다.

인간은 누구나 자아정체성을 확장하려는 본능을 가지고 있다. 왜냐하면 생존하기 위해 진화하려는 본능을 가지고 있기 때문이다. 그래서 인간은 살아가면서, 성장하면서, 걸어가면서 언제나 자기 좌표를 확인해야 한다.

하지만 요즘은 심화된 경쟁의식 때문에 자신이 누구인지 모른 채 대부분 내면에 깊은 열등감을 갖고 있다. 그래서 자신의 지위나 소유한 자동차, 입고 있는 옷 등이 자신이라고 생각하고 싶어 한다. 자신에게 어울리는 것보다는 '비싼 것'을 즐기고 그것을 과시하기도 하고, 때로는 주눅이 들기도 한다. 그 세태를 그대로 반영하는 광고도 있다. 한 자동차 광고에서는 당신을 길게 설명할 필요가 없이 당신의 자동차로 보여주라고 한다.

인간이 모여 만들어진 국가 또한 마찬가지이다. 그래서 세계에서 몇 위인지를 꼽으니 으쓱대기도 히고, 아지 선진 한국이 못되었다며 주눅이 들기도 한다. 이 장에서는 한국의 좌표를 알아보고 국가 정체성을 확립하고 그 확장의 방향성을 확실히 해본다. 그 과정에 당신이 누구인지 위상과 좌표를 확실히 하기 바란다.

01 한반도를 바라보는 시각의 전환

한국은 시원하게 터져 있는 해상교통로를 갖춘 선택된 땅이다.

한국은 북쪽으로는 대륙에 연결되어 있고, 나머지 3면은 바다로 둘러싸인 반도 국가이다. 부정적으로 보자면 3면이 바다에 막혀 도망갈 곳 없이 쫓기는 입장이라고 할 수 있다. 막다른 종점에 다다른 외롭고 절박한 처지에 놓인 것이다. 하지만 이런 시각이 운명론적 위기의식을 낳게 했고, 그

것이 다시 동질적 국민성을 강화시킨 것이라 볼 수 있다.

긍정적 자세로 해양국가의 시각에서 보면, 한국이야말로 좀처럼 찾기 힘든 대륙 진출의 요충지라고 할 수 있다. 한국은 시원하게 터져 있는 해상교통로를 갖춘 선택된 땅이다. 비슷한 지리적 조건을 가진 그리스나 이탈리아가 왕성한 해양 진출을 통해 고대 지중해 시대의 주인공으로 세계를 주름잡았던 점이 이를 뒷받침해준다.

그런데도 우리 한국은 수 세기 동안 어려운 세월을 겪어왔다. 해양국가로의 적극성이나 온대지방의 이점도 살리지 못한 채 뒷전에서 허덕이고만 있었다. 그러나 1960년대의 산업화는 커다란 전환점으로 작용했다. 도전적이고 역동적인 국민성이 세계 곳곳에서 분출할 수 있는 기회를 만난 것이다.

02 세계에서 가장 동질적인 국가

한국인의 사연 많은 혼혈 역사는 우수한 유전인자를 계승시켜 국민의 체질을 꾸준히 강화시켜 왔다.

우리는 흔히 5천 년 역사의 단일민족이라는 표현을 쓴다. 최근에 유엔은 한국을 세계 148개국 중에서 가장 동질적인 국가로 선정했다. 그러나 동질적 국민과 단일민족은 다르다. 한국은 5천 년 동안 주변 이민족으로부터 크고 작은 침략을 당한 것만도 천여 회에 달한다. 한반도와 접하고 있는 북방대륙에서 정치적 변동이 있을 때마다, 어김없이 그들은 우리 땅으로 쳐들어오곤 했다. 이 과정에서 한국인에게 이민족의 피가 끊임없이 흘러들었음을 우리는 부인할 수가 없다. 인종적으로 황인종, 특히 다양한 북방민족과 끊임없는 혼혈이 일어난 것이 확실하다. 다만 침략국가 대부분이 동양계 황인종이어서 외형상 두드러진 차이점을 발견하기가 어려웠을 뿐이다.

근래에는 한국 민족의 뿌리가 훈족과 같다는 연구 결과도 나왔고, 믿기 어려운 말이지만 백인 계열인 코카서스 인종의 피도 상당수 섞여 있다는 주장도 있다. 유엔 인종차별철폐위원회(CERD)도 한국이 다민족국가인데도 뿌리 깊은 순수 혈통주의에 빠져 있음을 지적하기도 했다.

긴 안목으로 보자면, 한국인의 사연 많은 혼혈 역사는 우수한 유전인자를 계승시켜 국민의 체질을 꾸준히 강화시켜 왔다. 한국인이 오랜 세월 험난한 국제정세를 헤쳐가면서 정강(精鋼)처럼 자신을 연단시켜 온 역동적 기질과 뛰어난 순발력은 다 여기서 만들어진 것이다.

03 강대국에 둘러싸인 작은 나라

한국은 일본과 중국, 러시아에 둘러싸여 있다. 한국 면적의 100배가 넘는 광활한 영토가 에워싼 형국인 것이다.

한국은 일본과 중국, 러시아에 둘러싸여 있다. 한국 면적의 100배가 넘는 광활한 영토가 에워싼 형국인 것이다. 이들 국가의 인구만도 한국 인구의 30배가 넘는다. 남북한을 합친다 해도 20배가 넘는다. 게다가 이들 3

국은 모두 세계 5위권의 초강대국 반열에 올라 있는 나라들이다.

국제 사회에서는 한국과 이스라엘을 비교하는 사람들이 많다. 이스라엘은 지리적으로 볼 때, 이질적인 아랍 국가들에 둘러싸여 있는 고달픈 존재이지만 기독교, 이슬람교, 유대교 같은 세계 종교를 3개씩이나 탄생시킨 정신적 뿌리가 깊은 민족이다.

이스라엘은 기원전 2000년경에 팔레스타인 지역에 정착하여 생긴 나라로, 한국과 비슷한 4천 년 이상의 역사를 가지고 있다. 그러나 서기 70년 로마의 대대적 박해로 나라를 잃고 떠돌이 생활을 한 1,800여 년을 빼면 이스라엘의 독립국가 역사는 훨씬 짧다고 할 수 있다.

인구 700만여 명의 이스라엘은 영토 그기가 한반도의 10분의 1도 안 된다. 하지만 이 작은 나라는, 약 150배가 넘는 영토와 25배가 넘는 인구를 가진 주변 이슬람 국가들과 당당히 맞서고 있는 준전시국가이다. 이스라엘은 영국, 미국 등 서구열강의 든든한 후원과 높은 교육 및 과학기술 수준, 엄청난 재력의 해외교포와 군사력으로 주변 아랍세계를 압도하고 있다.

04 둥지를 지켜낸 한국

한반도라는 둥지를 지켜내며 터득한 생존의 지혜로 우리는 5천 년을 버티어 왔다.

한국은 해외교포 수가 적어 아직 그들의 지원 능력이 든든하지는 못하다. 입지 조건이나 국제적 위상으로 볼 때 우리는 이스라엘보다 불리한 위치라고 할 수 있다. 그렇다면 한국과 이스라엘 두 나라의 두드러진 차이점

은 무엇인가. 바로 이질적인 민족기질과 독창적 문화이다.

이스라엘의 오랜 지배국이었던 로마는 이스라엘에 대해 처음에는 다른 나라들보다 덜 강압적이었다. 그런데 나중에 이스라엘에게만은 예외적인 강경조치를 취하게 되었다. 이스라엘 민족이 지나친 선민의식으로 타민족과의 공존 협력정신에서 상당한 의심을 받은 데다 유일신에 대한 신념이 워낙 강해서 로마의 다신교를 단연 거부한 때문이다.

이런 이스라엘에 비해 한국인은 유연성이 뛰어나다. 한국인은 유교의 천명사상과 위민사상을 바탕으로 불교, 도교, 나중에는 기독교까지 다양한 종교들을 수용하면서 그 안에 잠재된 인류 보편정신을 그 기질 속에 담아냈다. 위기 상황에서는 양보와 타협, 융합과 조화를 추구하면서 강대국의 정복욕을 자극하지 않는 적응력을 보였다.

그러면서도 생사의 기로에 섰을 때는 범국민적 저항운동을 통해 민족주체성에 대한 강한 집착을 보여 왔다. 한반도라는 둥지를 지켜내며 터득한 생존의 지혜로 우리는 5천 년을 버티어 왔다. 이제 우리가 개방과 공존의 지혜까지 익힌다면 한국인의 타고난 적응력은 새천년을 빛낼 밝은 자산이 될 것이다.

05 한국은 지금 어디쯤 와 있나

우리는 희망을 잃을 이유가 없다. 한국이라는 나라에서, 한국인에게 내재된 경이로운 힘으로 자신의 삶을 창조할 수 있으니까 말이다.

지난 2005년 1월 20일, 미국 부시 대통령의 2기 취임식이 열린 국회의 사당 광장에는 이색적인 장면이 연출되었다. 식장 곳곳에 대형TV를 설치해 놓은 것이다. 이날 초청된 국내외 유명 인사들은 선명한 TV화면을 통해 부시 대통령의 취임행사를 지척에서처럼 생동감 있게 볼 수 있었다. 그때 그 자리를 빛낸 TV는 모두 LG전자 마크가 붙어있는 50~60인치 PDP TV였다. LG전자의 PDP TV는 이어서 열린 리셉션과 축하연회장에서도 선명한 화질을 자랑했다. 세계 최고의 기술선진국 미국에서 한국산 IT제품이 주목받는 순간이었다. 불과 삼사십 년 전까지만 해도 국제 사회에서 조악품 생산국으로만 알려졌던 후진국 한국으로서는 놀라운 변화였다.

지금 한국의 국력은 수치상으로 볼 때 세계 10위권으로 뛰어올랐다. 결코 작은 나라라고 할 수 없다. 2006년 한국의 국민총생산(GDP)은 8880억 달러로 세계 13위권(World Bank)에 올랐다. 여기에다 세계 12위의 무역 강국(6349억 달러), 군사비 지출 세계 11위(219억 달러), 외환 보유액 세계 5위(2282억 달러), 자동차 생산량 세계 5위 자리를 차지하고 있다.

더 고무적인 것은 정보화, 정보기술에서 세계의 선도국가로 부상하고 있다는 점이다. IT 경쟁력은 세계 3위(EIU)이며, 국제전기통신연합(ITU)이 UN에 보고한 디지털기회지수(DOI)에서 한국은 2004년 이래 3년 동안 연속 1위를 지키고 있다. 이 지수는 21세기 주인공으로서의 잠재력을 가늠하는 잣대가 된다. 여기에는 정보통신 인프라, 유선전화와 이동전화 가입자, 인터넷 이용 가구, 무선인터넷 가입자, PC 보유 가구 비율 등이 포함되어 있다.

그렇다고 한국이 선진국에 진입한 것은 아니다. 다양한 분야의 기반구축과 균형발전이 이루어지지 않았다. 한국의 국가경쟁력은 17위(WEF), 부패지수는 42위(TI), 국가행복지수 102위(NEF), 교육경쟁력 29위, 경제자유도 36위 등의 불명예스러운 성적은 물론 심각한 노사 및 이념 갈등으로 인한 생산성 저하, 국론분열 등은 한국의 현실을 보여주고 있다.

좀 더 자세히 들여다보면 한국 주력산업 대부분이 선진국을 흉내 낸 동조(同調)산업이어서 장기적이고 안정적인 발전에는 한계가 있다는 것을 알 수 있다. 산업구조도 편중되어 있는 데다 각 산업의 대외경쟁력도 기복이 심하다. 앞으로 국력의 중요한 잣대가 될 지식기반산업 또한 취약한 상태에 있어 지적 무역, 기술 무역에서 엄청난 역조가 나타나고 있다. 일본과는 벌어진 기술 격차를 좁히지 못하고 있고, 중국은 맹렬한 속도로 한국제품이나 기술을 추월할 기세로 쫓아오고 있다.

　더욱 우려하는 부분은 한국 경제성장의 지렛대 역할을 해온 국민적 역동성마저 눈에 띄게 떨어졌다는 점이다. 미국의 여론조사기관인 퓨리서치센터의 조사(2007.7.24)에 의하면 한국 국민의 국가 만족도는 9%, 국가지도자 만족도는 꼴찌에서 3번째로 최하위권에 머물러 있는 것으로 나타났다. 하지만 우리는 희망을 잃을 이유가 없다. 한국이라는 나라에서, 한국인에게 내재된 경이로운 힘으로 자신의 삶을 창조할 수 있으니까 말이다.

　앞으로 세계는 글로벌화된 새로운 질서체계 속에서 불확실한 격동의 세월을 누가 더 빨리, 더 지혜롭게 헤쳐 가느냐에 따라 새로운 선진국과 후신국으로 나뉠 것이다. 한국은 산업화에서 뒤처졌던 참담한 경험을 교훈삼아 정보사회에서만은 선진국이 되자는 의욕으로 뛰어왔다. 상당한 성공을 거둔 지금 우리는 사회개방과 다양성이 충만한 사회를 맞아 새로운 기회를 향해 숨을 고르고 있는 중이다.

06 유난스러운 교육열

한국의 부모들은 자식교육을 위해서라면 기꺼이 모든 것을 바치며 헌신한다.

　전통적인 숭문사상과 맥이 닿아 있어서인지 한국인의 교육열은 유난스럽다. 한국인의 이런 극성스러운 교육열을 유대인과 비교하는 사람이 많다. 남다른 이기심이나 성취 욕구에서 비슷한 점이 많기 때문이다. 폴 울포워츠 세계은행(IBRD) 총재는 한국의 경제발전 모델은 저개발국가의 표본이 되고 있으며, 그 동력은 한국의 교육투자 때문이라고 분석했다.

"한국에서 배워야 할 것으로 두 가지를 강조하고 싶다. 하나는 무엇보다 사람에 대한 투자와 교육에 대한 투자가 유별나다는 점이다. 석유 한 방울 안 나는 대신 인적 자원을 풍부하게 키웠기 때문이다. 또 하나는 기업을 키우고 일자리를 늘린 현명한 정부 정책이다."

그러나 사실 우리 정부는 알려진 것만큼 교육에 국가자원을 공들여 투자하지도 않았고, 그 운영에서도 칭찬받을 만큼 잘하지는 못했다. 오히려 한국인의 자생적인 교육열이 정부를 빛내주었다는 것이 정확한 분석이 될 것이다.

한국인은 문화와 역사의 뿌리가 깊은 만큼, 생존욕구와 전통계승에 대한 집념도 강한 편이다. 군사력 하나만으로는 주위 강대국으로부터 나라를 지키는 데 한계가 있다. 따라서 구성원 개개인들은 지적 역량을 강화시킴으로써 개인의 가치를 높여, 자력에 의한 민족과 개인보존 기회를 다각도로 준비해 온 것이다. 한국인의 교육열 흔적은 멀리 고구려, 고려, 조선 시대로 거슬러 올라간다.

구당서(舊唐書)에 의하면 고구려에는 서기 300년경부터 민간교육기관이 성행해 온 것으로 나타난다.

"고구려국은 그 풍속이 서적을 좋아하며 각 민가에서도 거리에 큰 집을 지어 놓고 이를 경당(經堂)이라 하고, 결혼 전의 자제들이 밤낮으로 글을 읽고 활쏘기를 연습하였다."

또 중국 송나라 서긍(徐兢)이 지은 『고려도경(高麗圖經)』에도 비슷한 내용
이 담겨 있다.

"마을마다 경관(經館)과 서사(書社)가 두셋씩 서로 바라보이며, 민간 자
제의 미혼자가 무리로 모여 스승에게 경을 배웠다."

경관과 서사란 조선시대의 서당과 비슷한 교육기관이다.

조선시대에 와서는 거의 모든 마을마다 서당이 있었고, 민간교육기관도
많았다. 유명한 서당은 주로 명가의 문중에서 운영하는 곳이었고, 유학에
밝은 훈장이 스스로 운영하는 자영서당도 흔했다. 관학보다는 사학이 많
았으니, 사설학원은 이미 천 년 이상의 긴 역사를 이어온 셈이다.

그런데 한국인의 교육열은 국내에서도 단순한 지적 호기심 해소와 취업
의 수단이라는 소극적 의도에 머물러 있지 않다. 그보다는 계층상승, 위상
강화, 자위수단에 더 큰 비중을 두고 있다.

그 때문인지 한국의 부모들은 자식교육을 위해서라면 기꺼이 모든 것을
바치며 헌신한다. 교육비는 생계비와 맞먹을 만큼의 비중을 두는 것이 상
식이 되었다. 자식교육을 위해서라면 부모 스스로 사생활을 포기한 채 전
력투구하는 것이 당연시되었다. 통계청 발표에 의하면 한국 고등학교 졸
업생의 80% 이상이 대학에 진학하고, 대학생 수는 3백만 명이 넘었다. 이
제는 외국 유학으로까지 그 영역을 확장하고 있다.

이미 한국은 유학과 해외연수에서 쓰인 돈이 2000년에만 10억 달러, 2007년에는 45억 달러가 넘었다. 이 추세가 계속된다면 2011년에는 103억 달러에 이를 것으로 예측된다.

미국 국토안보부 이민세관국(ICE)이 2006년 말에 집계한 외국학생 통계에 따르면 미국에 유학 온 한국 학생 수는 총 9만 3728명이다. 이는 미국 내 외국인 유학생 총수(63만 998명)의 14.9%로 단연 1위다. 한국의 교육열은 이렇게 세계로 분출되고 있다.

07 교육을 통해 본 한국의 불균형

한국의 사교육 시장이 번창하고 있는 것은 국민들의 엄청난 교육 열기가 공교육의 빈자리를 채우고 있기 때문이다.

OECD가 발간한 '2007년도 OECD 교육지표'에 의하면 한국의 교육비는 선진국에 비해 상당히 높은 편이다. OECD 30개 회원국과 6개 비회원국의 교육 자료를 분석한 바에 의하면, 한국 국내총생산(GDP)에서 교육비가 차지하는 비율은 7.2%로 OECD 국가 평균 5.7%보다 훨씬 높다.

하지만 한국의 학교교육비는 선진국보다 낮다. 반면 학교 밖에서의 사교육비는 선진국보나 월등하게 높다. 총 교육비가 선진국을 앞서는 것이다. 학교교육비 가운데 정부 부담률은 GDP의 4.4%로 OECD 평균 5.0%보다 낮다. 그러나 민간 부담률, 즉 사교육비의 비율은 2.8%로 OECD 평균 0.7%보다 무려 4배나 높다. 여기에다 학급당 학생 수는 다른 나라보다 많으나 교원 수는 부족하고 교육시설은 낙후되어 있다.

이것이 세계 최고의 교육열을 자랑하는 한국 교육의 실상이다. 학교교육비란 학부모가 자의적으로 부담하는 사교육비를 뺀 공교육 비용을 말한다. 여기에는 정부 예산과 재단 전입금(사립학교)과 학생들이 부담하는 등록금이 포함되어 있다. 대부분의 국가에서는 학생들이 등록금만 내면 다른 교육비용이 더 들어가지 않는다. 나머지는 국가나 학교가 스스로 해결하는 것이다. 그러나 우리나라는 국가재정 부족으로 선진국만큼 학교교육을 뒷받침할 수 없는 것이 현실이다.

이 부족분을 우리나라 부모들의 특별한 교육열이 해결하고 있다. 한국의 사교육 시장이 번창하고 있는 것은 국민들의 엄청난 교육 열기가 공교육의 빈자리를 채우고 있기 때문이다. 이로 인해 자녀를 둔 한국 가정이 겪는 부담은 상상을 초월할 지경이다.

지난 2003~2007년까지 참여정부 집권기간 중 사교육비 총액은 105조 4861억 원으로 연간 21조 972억 원에 이르고 있다. 이는 국민정부 시절 연평균 사교육비 10조 2218억 원의 2배가 넘는 액수이다. 이처럼 심각한 사교육비 지출은 결과적으로 해외유학을 자극하는 계기가 되었다. 지난 2006년도 1년간(2006.3.1~2007.2.28) 해외로 나간 유학생 수가 3만여 명에 달하고 있다. 이는 전년도에 비해 44.6%가 증가한 것이어서 한국 교육의 문제가 얼마나 심각한 것인지를 단적으로 보여준다.

한국에는 현재 900만여 명의 학생이 있다. 국내 전체 학교 수는 1만 9300여 개, 이중에 사립학교는 전체학교의 30.2%를 차지한다. 사립학교 학생 수는 224만 명으로 전체 학생의 25%에 불과하지만 상급학교로 올라갈수록 사립학교 비율이 우위를 차지하고 있다. 일반대학생은 77%, 전문대학생은 96%가 사립 대학생이다. 초등학교는 사립학교가 1.3%(전체 5,646개교 중 75개교)에 그치고 있으나, 중학교는 22.5%, 고등학교는 44.8%가 사립으로 운영되고 있다.

이처럼 사립학교 비중이 높은 것은, 공교육기관이 고품질 인력의 사회적 수요를 제대로 해결하지 못한 때문이다. 또 전통적인 유교이념에 따라 후학 양성을 인생의 보람으로 여기는 아름다운 정신에서 나온 경우도 많다. 이로 인해 국내에는 성업 중인 사설학원만도 6만여 개가 넘는 등 엄청난 교육시장이 형성되어 있다. 수강생만도 수백만 명이 넘는다.

한국은 아시아에서도 가장 교육열이 뜨거운 나라로 정평이 나 있다. 한국은 가계지출액의 22%를 자녀교육에 쏟아 붓는 데 비해 일본은 10%, 인도는 8%에 불과하다. 세계 각국, 특히 경제부국 중에는 학업을 기피하는 학생들을 위해 장학금을 확대해 주고, 학비 전액을 정부가 보조해 주는 교육특혜가 늘고 있다. 그러나 한국은 국가의 도움 없이도 자기 돈을 내가면서 대학교육에 올인 하고자 하는 사람들이 줄지어 서 있다.

08 한국의 교육 경쟁력

능력 있는 교사와 양질의 학생 배출이 선순환을 이루고 있는 것이다.

2007년에 발표된 OECD의 학업성취도 국제비교(PISA)를 보면 우리 한국도 긍지를 가질 만한 사실을 발견할 수 있다. OECD회원 30개국을 포함한 세계 주요 57개국의 2006년도 학업성취도 비교에서 한국 고등학생의 수학과 읽기 실력은 세계 최정상에 와 있다. 특히 최상위 5% 안에 있는 한국 학생들의 수학 실력은 2000년 6위에서 2006년에는 2위로 올랐고, 읽기는 2000년의 21위에서 세계 1위로 뛰었다. 반면에 2000년에 세계 1위였던 과학 실력이 2003년에는 4위, 2006년에는 11위, 2009년에는 57개국가 중 55위로 추락했다.

그 이유는 간단하다. 우리 고등학교 교육과정에서 과학탐구가 필수과목에서 선택과목으로 바뀐 때문이다. 한국의 사교육열풍은 주로 필수과목에 집중되어 있다. 그래서 과학 과목이 선택으로 바뀌자 교육의지가 시들해진 것으로 분석되고 있다.

이는 국가교육 정책의 변화가 교육의 국제 경쟁력에 얼마나 민감한 영향을 주는지를 단적으로 보여준 사례이다. 또 위축된 공교육의 경쟁력을 사교육이 버티고 있음을 나타내주는 자료이기도 하다.

그럼에도 한국의 전반적인 교육수준은 세계의 주목을 받고 있음이 확실하다. 2005년 독일의 도이체방크연구소에서 낸 '2020년의 글로벌성장 중심들'이란 보고서도 한국의 교육은 세계적으로 우수한 수준을 유지한 것으로 보고 있다. 고교 졸업률은 95%로 OECD 국가 중 단연 1위를 차지했다. 학업성취도는 세계 3위, 인적자본수준도 세계 6위에 올라 있다. 산업현장의 최전위 인력인 기능인력도 한국은 세계수준으로 정평이 나 있다.

2007년에 시행된 국제기능올림픽에서 한국의 젊은 기능인력은 세계 1위를 차지했다. 거슬러 올라가면 지난 국제기능올림픽에 23회 참가하여 15번이나 종합우승을 차지했다. 이미 70년대부터 산업 강국인 미국, 일본, 독일, 영국, 프랑스 등을 물리쳐 기능 강국으로 입지를 굳힌 것이다.

그러나 대학교육은 그렇지가 않다. 2007년 세계경제포럼(WEF) 국가경쟁력보고서에 의하면 평가대상 131개국 가운데 대학취학률에서 한국은 1위를 차지했다. 2006년의 2위에서 한 단계 더 올랐다. 그러나 유감스럽게도 이들에게 들이는 교육비 지출은 세계 76위로 떨어졌다. 질보다 양에만 너무 치중되어 있다는 뜻이다.

영국의 일간지 '더 타임스'가 2004년 '고등교육 섹션'을 통해 소개한 '과학 분야 세계 100대 대학' 랭킹에는 한국 대학 중 서울대학교와

KAIST 두 대학만이 끼어 있었다. 중국 7개 대학, 일본 6개 대학에 비한다면 열세를 면치 못하고 있다. 또한 한국의 과학기술 수준은 현재 세계 20위권 밖으로 밀려나 있다. 수학 등 기초과학 수준은 이보다 훨씬 낮다. 수학을 포함한 이공계 전임연구원만 해도 한국은 크게 부족한 상태이다.

유네스코 발표에 의하면 2002년 기준으로 이공계 전임연구원이 미국은 133만 4628명, 중국은 81만 525명, 일본은 64만 6547명이다. 그런데 한국은 14만 1917명뿐이다. 미국 인구가 우리의 6배인 것을 감안해도 많이 부족하다.

한국 중고등학생의 학업성취도는 세계정상급에 와 있다. 이처럼 기초인력의 저변이 탄탄한 것은 학력을 중시하는 사회분위기 때문이기도 하지만, 무엇보다 자질 좋은 교사들이 교육현장에 풍부하게 포진하고 있기 때문이다. 능력 있는 교사와 양질의 학생 배출이 선순환을 이루고 있는 것이다. 만성적인 교사 부족에 시달리고 있는 일부 선진국과는 좋은 대조를 이루고 있다.

그런데 왜 교육경쟁력의 최종잣대가 되는 고급인력은 밑바닥을 기고 있는 것일까. 이는 뛰어난 교수확보가 부진한 데다 이들과 능력 있는 학생들을 이어줄 선순환 시스템이 구비되지 못한 때문이다. 한국의 대학교육과 정부의 장기적인 전문인력 수급 계획이 호흡을 맞추지 못한 것도 한 이유이다.

09 윤리의식 못 심어주는 교육풍토

양질의 전문인력 양성이란 가르치는 선생과 배우는 학생 간에 학문탐구와 전수과
정이 성실하게 지켜질 때 가능하다.

우리나라 초·중·고 학생 대부분은 학교생활을 즐기지 못하고 있다.
학교 안에서 왕성한 향학열을 불태우지도 못할 뿐더러 학교폭력에서도 자
유롭지 못하다. 게다가 인터넷 접근이 쉬어지면서 범람하는 유해정보에
노출되어 있어 정신건강마저 위기에 처해 있다.

학교 교사는 학과 성적에만 정신이 쏠려 있고, 가정의 부모는 정보력의
열세로 통솔력을 잃어 실천적인 윤리교육은 심각한 혼란을 맞고 있다.
중·고등학교 교과서를 보면 밝고 희망찬 의욕과 분발심, 긍지, 윤리의식
보다는 과거 비판이나 어두운 현실에 상당부분을 할애하고 있다. 이영훈
서울대 교수는 '중·고등학교 사회교과서에 그려진 한국 경제의 모습'을
통해 신랄한 비판을 가하고 있다.

"대부분의 교과서가 낮은 임금, 농촌차별, 소득격차 문제 등을 부정확
하게 기술하고 있다. 특히 중·고등학교 교과서에서 한국 경제는 초라한
대접을 받고 있다. 또 한국의 성장은 저임금에 의한 것이라는 잘못된 논리
를 펴고 있다."

대학 캠퍼스 분위기도 마찬가지다. 학생들의 집단모임이나 현수막 풍경
을 보면 면학이나 해이해진 사회규범, 도덕정신 되살리기 운동 등은 구석

으로 밀려나 있고, 학교 밖 사안들인 정치, 노동, 이념 등의 투쟁열기로 뜨겁다. 이것이 우리 교육현장의 모습이다. 국가에 위기가 오면 대학이라고 상아탑 속에 안주할 수 없다. 그때는 학생도 공부를 미룬 채 무기를 들고 얼마든지 나설 수 있다. 하지만 지금 우리나라는 그런 상황에 빠져 있지 않다.

그런데도 우리 대학은 인격을 높이는 데 쏟아야 할 열정이 정치, 이념, 노동, 시민운동 등 곳곳마다 참견하는 정치운동에만 각을 세우고 있다. 이런 환경의 대학에서는 존경받는 양질의 전문인력이 태어날 수 없다. 어느 사회에도 격렬한 투쟁논리 앞에서는 학문적 열정이나 도덕성, 선량한 미풍양속이 제대로 자리 잡지 못한다.

한국의 학교는 지금 알게 모르게 기이한 도덕불감증이 만연되어 있다. 결국 이런 학교에서의 윤리 부재현상은 어느새 부메랑이 되어, 사회 모든 분야에서 부정·부실·불신풍조로 되돌아오고 있다. 이미 우리 교육의 위기는 교수들의 도덕성 해이현상으로도 나타나고 있다. 지난 2003~2005년 동안 각종 학술지 등에 발표한 연구논문으로, 한국학술진흥재단에 보고한 교수는 7만 6593명에 이른다.

이들의 연구논문에 대해 중앙일보가 분석한 결과는 매우 충격적이었다. 한 해에 51편 이상의 논문에 연구자로 이름을 올린 교수가 262명, 100편 이상 썼다는 교수는 7명이나 되었다. 일상의 잡문도 아닌 연구논문을 한

달에 4~12편씩 써내는 교수가 수십 명이 된다는 사실을 누가 믿을 수 있을까. 이 모두는 사회지도층 인사들이 불러온 재앙들이다. 이래서야 학교교육이 바로 설 수 없다.

양질의 전문인력 양성이란 가르치는 선생과 배우는 학생 간에 학문탐구와 전수과정이 성실하게 지켜질 때 가능하다. 사제 간의 끈끈한 인격적·도덕적 교감과 신뢰 관계는 이럴 때 구축될 수 있다. 그런데 우리 학교에서는 윤리교육이란 하나의 시험과목에 불과하다. 윤리교육은 있는데 살아 있는 윤리의식의 전수는 없어져 버린 것이다.

우리 사회 직장문화를 보아도 학벌과 능력에 대한 평가기준은 그런대로 정비되어 있다. 하지만 윤리의식을 점검하는 인성에 대한 평가 잣대는 거의 없는 상태다. 있다면 적성검사나 면접이 이를 대신할 뿐이다. 그러나 선진기업에서는 인성검사를 통한 도덕적 기준이 날로 강화되고 있다. 워싱턴포스트(WP) 보도에 의하면 전체 미국 기업의 30%가 직원채용 때 인성검사를 한다. 인성검사 점수가 좋은 직원이 상대적으로 성실할 뿐 아니라 고객들과의 관계도 좋다는 분석이 나온 때문이다.

10 SF가 현실화되는 한국

IT산업은 한국인의 장기인 동조, 접목, 창의, 감성, 속도, 순발력 등과 놀랄 만큼 닮아 있다.

미국의 일간신문 '샌프란시스코 크로니컬'은 "미래는 한국"이라는 특

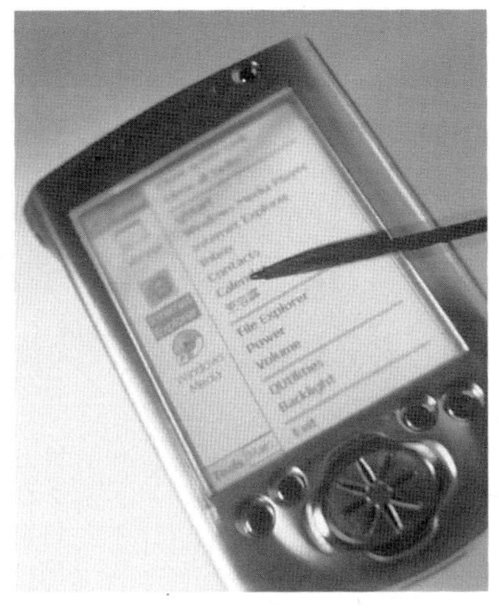

집기사를 실었다. 몇 년 전 일이다. 한국은 세계 제일의 광대역 인터넷망을 구축했으며, 휴대전화 보급률도 세계 최고 수준의 IT강국이다. 한국 가정의 76%가 고속인터넷망에 연결되어 있으며, 휴대전화 보급률도 75%가 넘는다.

이에 비해 미국은 세계 제일의 기술선진국이라는 긍지와는 달리 광대역 인터넷망 보급률이 30%로 세계 13위에 머물러 있으며 휴대전화 보급률도 60%대에 그치고 있다는 내용이었다. 그러나 1년 후 한국의 IT통계는 다시 수정되었다. 한국의 휴대전화 보급률은 2006년 들어 90%를 넘긴 4천만 대를 돌파했고, 도시 근교의 시골집에도 초고속 인터넷망이 깔렸다.

컴퓨터 보유율과 인터넷 사용률이 세계 1위를 차지한 한국의 IT산업이 세계의 이목을 끌게 된 역사는 불과 20년이 채 안 된다. 그렇지만 사회적 호응도나 파급 속도에서 눈부신 고속성장을 거듭해 왔다. 이는 IT산업이 한국인의 기질적 특성과 궁합이 딱 맞기 때문이라고 본다. IT산업은 한국인의 장기인 동조, 접목, 창의, 감성, 속도, 순발력 등과 놀랄 만큼 닮아 있다.

디지털 기술의 다채로운 활용은 한국인의 동조성과 접목 기질에 딱 들어맞는다. IT기술의 빠른 혁신주기와 신제품 출시주기가 짧아지는 것 또한 한국인의 급한 성격과 천생연분이다. 실제로 한국의 IT산업이 한국경제를 한 단계 높인 견인차 역할을 해온 점이 이 모두를 말해주고 있다. IT산업이 한국의 GDP 성장에 미친 기여율을 보면 2002년 26.3%에서 2004년에 53.5%로 높아진 사실만 보아도 그 빠른 성장속도를 짐작할 수 있다.

2005년 한국 IT산업의 수지현황을 보아도 수출 780.5억 달러에 수입이 442.8억 달러를 기록, 337.7억 달러의 흑자를 기록하고 있다. 당시 한국 전체 무역 수지가 235.5억 달러의 흑자를 낸 것은 전적으로 IT산업 덕분임을 한눈에 알 수 있다. 21세기를 빛낼 디지털 컨버전스 기술, 휴대전화 같은 모바일 기술에서도 한국은 세계 최고수준에 와 있다.

그중에서도 한국의 휴대인터넷 기술인 와이브로(WiBro) 기술은 국제표준이 될 만큼 앞서 있다. 더 주목할 만한 것은 2006년 삼성전자가 미국의 기간통신사업자와 상용서비스를 위한 전략적 제휴계약을 체결한 사실이다. 그전까지 미국의 기간통신망 시장에는 일본 업체도 들어가지 못했다.

그러나 한국은 차세대 이동통신 기술로 확고한 자리를 차지한 와이브로 기술 때문에 미국 통신시장 진출을 성사시킨 것이다. 그뿐만이 아니다. 한국의 메모리, LCD, 휴대전화, 디지털TV 등은 세계 시장의 20~50%를 점유할 만큼 막강한 경쟁력을 보유하고 있다.

뉴욕타임스는 2006년도에 한국을 'SF가 현실화되는 곳'이라고 보도했다. '미국에서는 수년 뒤에나 소개될 만한 첨단기술을 한국인들은 이미 실생활에서 사용하고 있다. 한국은 와이브로 서비스도 세계 최초로 도입할 것'이라고 극찬했다.

이미 한국의 IT산업은 독자산업의 지위를 벗어난 지 오래다. 한국산업 전반에서 부가가치를 끌어올리는 선도 기반산업 자리를 차지하고 있다. 문화산업에서도 지금까지 사장되다시피 한 국가의 방대한 지적 자원에 생명력을 불어넣어 주고 있다. 또한 오랜 역사 속에서 축적되어 온 전통문화유산을 디지털화하여 현실감 있게 재현함으로써 전통문화의 계승, 재창조의 길을 열어놓았다. 앞으로 문화전쟁시대에 대비한 디지털산업의 체계화, 조직화, 고급화 전략의 성패 역시 IT산업의 수준에서 결판이 날 것이다. 우리는 지금 그 벅찬 기회의 문턱에 와 있다.

11 세계 최고의 조선 강국

한국인의 창의적 영감과 특유의 접목 기질이 뒷받침되었기에 가능했던 것이다.

우리의 역사를 살펴보면 한국은 일찍부터 조선(造船) 강국이었다. 3면이 바다인 입지조건을 살려 해상무역에도 적극적이었다. 신라시대에는 장보고의 특출한 리더십에 의해 '해상왕국'을 건설할 만큼 중국이나 일본보다 앞선 조선기술과 운영능력을 갖추고 있었다. 임진왜란 시절에 탄생한 '거북선'은 당시로서는 누구도 생각해 내기 어려운 첨단 선박기술의 정화라고 할 수 있다. 그러나 근대사회에 들어서면서 우리는 산업화를 외면한 까닭에 기계화된 동력선박 건조기술에서 까마득한 후진국 신세를 면치 못하게 됐다.

20세기 들어서 세계 조선시장은 노르웨이·덴마크 등 북구시대를 거쳐,

싱가포르와 일본이 석권하고 있었다. 특히 일본은 세계 최고 수준의 기술력과 생산성을 두루 보유한 조선 강국으로 1990년대 초반까지 40여 년 동안 부동의 세계 1위 자리를 지켜왔다. 그러다가 1993년을 고비로 하여 한국에게 조선수주(造船受注) 부문 세계 1위 자리를 내주고 말았다.

초창기 한국 조선업은 낮은 가격과 건조기간 단축으로 승부를 걸면서 도전의 고삐를 늦추지 않았다. 그 결과 2006년 들어 한국의 조선 수주량은 세계 시장의 40%를 훌쩍 넘는 세계 최고의 조선 강국으로 올라섰다. 세계 2위인 일본보다 2배 이상 많은 물량을 확보한 것이다. 고난도 공사에서 체득한 경험과 도전적인 기술개발, 그리고 무엇보다 공기단축의 신화로 발주업체의 신뢰를 착실히 쌓아온 때문이다.

더욱 고무적인 것은 이 배들의 국산화율이 90% 이상을 차지하고 있다는 사실이다. IT산업을 위시한 어떤 기술 산업보다 대외 기술 의존도가 낮은 효자산업이다. 실제로 세계 조선업체 톱10 속에 한국의 7개 업체가 포함되어 있다. 특히 초대형 유조선과 컨테이너선 그리고 LNG, LPG, 반잠수식 시추선 같은 비싸고 정밀한 선박 제조기술은 세계 최선두를 달리고 있다.

LNG 같은 가스운반선은 선체에 조그만 흠집만 나도 대형 폭발사고로 이어지기 때문에 고난도 기술이 요구되는 선박이다. 이미 중동의 카타르가 발주한 100억 달러 규모의 LNG 선박 44척을 모두 한국의 조선 3사가 싹쓸이한 것을 보아도 국제 사회의 신뢰도를 짐작할 수 있다.

세계 최대의 보험사인 영국의 로이드사 조사에 의하면 한국은 국제기준에 석합한 상신 보유량에서도 그리스, 일본, 독일, 중국, 미국, 노르웨이에 이어 세계 7위를 차지하고 있다.

한국은 선박건조 능력뿐만 아니라, 해상운송 능력에서도 영국을 제칠 만큼 해양강국으로 강세를 보이고 있다. 이는 장보고 이후 1,000여 년 만에 해상국가로서의 위상이 살아나고 있음을 의미한다. 이처럼 한국 조선업계가 세계 조선시장을 석권하게 된 계기는 2000년대에 들어 동조산업의 탈을 벗고 본격적으로 창의적인 기술개발과 속도전에서 남보다 앞섰기 때문이다.

한국 조선업체는 드라이도크에서 선박을 건조한다는 기존 조선업계의 고정관념을 깨고 육상건조, 해상건조, 수중건조 등의 새로운 공법을 잇달아 개발했다. 이는 곧 한국인의 창의적 영감과 특유의 접목 기질이 뒷받침되었기에 가능했던 것이다.

12 기적을 만드는 나라

삼성건설이 지은 세계 최고층 빌딩인 '부르즈 칼리파(Burj Khalifa)'는 한국의 건설수준과 한국인의 속도기질을 한꺼번에 엿볼 수 있는 대형 프로젝트였다. 이 건물은 중동지역 아랍에미리트(UAE)가 두바이에 세운, 중동 아랍지역을 대표하는 상징건물이다. 삼성건설은 치열한 국제경쟁을 뚫고 주 사업자가 되어 세계 건설업계를 깜짝 놀라게 했다.

부르즈 칼리파는 지상 160층 이상, 높이 800미터 이상에 연면적 15만 평이나 되는 맘모스 빌딩이다. 서울 63빌딩(249미터)의 3배 높이에, 코엑스몰(3만 6천 평)의 4배가 넘는 넓이다. 삼성은 이 건물을 47개월 만인 2008년에 완공했다. 그야말로 시간과의 전쟁에 성패를 건 모험사업이었다. 그러나 부르즈 칼리파는 지금 삼성의 약속대로 파격적인 새로운 고속 공법에 따라 세계 최고층 건물의 면모를 유감없이 드러내고 있다.

2006년 아프리카 남서해안의 나라 앙골라 사람들은 한국을 '기적을 만드는 나라'로 보았다. 한국의 한 중견 건설업체가 최소한 2년 이상은 걸려야 완공할 수 있는 국제컨벤션센터 건물을 단 8개월 만에 거뜬히 준공했기 때문이다. 당시 앙골라는 10개월 이내에 이 공사를 끝내지 않으면 국제적 망신을 당할 처지에 놓였다. 외국의 건설업체들은 모두 공기를 맞출 수 없다고 수주를 포기해 버렸다. 그때 한국 건설업체가 모험을 감행했고 결국 8개월 만에 훌륭하게 완성했다.

한국에는 거창한 규모의 역사적 건축물이 별로 없다. 그나마 있던 것도 전쟁을 겪는 동안 거의 불타 버렸거나, 남아 있는 것도 그만그만한 크기의 고궁들과 불교 사찰들이 좀 있을 뿐이다. 외국의 웅장한 대형 건축물과 비교해 보면 왜소해 보일 수 있다. 그러나 여기에는 아쉬움보다는 우리 민족에 대한 하늘의 축복이 담겨 있다. 우리 역사상 대규모 토목공사가 많지 않았던 것은 민본주의 사상이 뿌리를 내린 나라였기 때문이다. 중국의 자금성이나 만리장성, 유럽의 대규모 호화 궁전, 이집트의 피라미드들은 그 하나하나가 백성들의 강제노역과 감당할 수 없는 혈세로 얼룩진 희생의 상징물일 뿐이다.

한국이 자랑하는 역사적 건축물은 그 대부분이 국가나 국민의 안위를 위한 종교적 염원을 담은 것들이 많다. 특정 군주의 개인적 영달을 위한 것들은 별로 없다. 그중 신라 황룡사의 9층탑은 92년이나 걸려 선덕여왕 시절(서기 645년)에 완공된, 당시로서는 세계 최고층의 목조 건축물이었다. 높이만 해도 80.16미터로 아파트 30층 높이에 달했지만, 지금은 흔적만 남아 있을 뿐이다.

한국의 건설업은 60년대 이후 가난 탈피를 위해 뛰어든 간판산업이었다. 당시 우리 업체가 진출할 수 있는 곳은 한정되어 있었다. 주로 건설선진국이 꺼리는 위험한 분쟁지역이거나 자연조건이 험한 지역이었는데, 공기를 앞당기는 속도전으로 겨우 채산성을 맞출 수 있었다. 그러나 이때 익힌 경험과 기술이 귀중한 씨앗이 되어 일류 건설선진국으로 성장한 것이다.

2000년대부터는 한국 건설업도 이미 세계 수준에 오른, 부가가치 높은 고도산업으로 도약의 발판을 다지게 되었다. 2006년에는 해외 건설수주 목표를 50%나 초과달성해 150억 달러의 수주실적을 올렸다. 그것도 과거

처럼 주택, 항만, 도로, 수로공사 같은 부가가치가 낮은 영역에만 머물지 않았다. 발전소, 초고층빌딩, 원유시추설비, 화학석유시설, 담수 플랜트 등 선진국의 전유물이었던, 고수익의 건설플랜트 사업으로 비중이 옮겨지고 있다.

한국의 건설 산업이 어느새 IT 등 다른 산업과의 유기적 연대를 통해 부가가치를 새롭게 창출하는 종합산업으로 몸집을 불려가고 있는 것이다. 이 역시 한국인의 속도 정신과 창조, 융합 기질이 진가를 발휘한 결실이다.

13 한국의 사이버 시장

한국인의 타고난 혼합과 창조 기질은 실패의 경험 위에 새로운 아이디어를 접목시킨 신제품으로 내성을 길러가고 있다.

지금 한국은 말 그대로 매체 홍수시대를 맞이하고 있다. 현재 국내에는 지상파 방송국 10여 개, 케이블방송국 100여 개, 위성 및 지상파 멀티미디어방송(DMB) 채널만도 40여 개에 이른다. 위성을 통해 시청할 수 있는 외국 방송도 부지기수다. 또 한국인들이 즉시 접속해 볼 수 있는 국내외 인터넷사이트는 무려 25만 개 이상이 된다. 이를 통해 하루에도 연인원 수천만 명이 수억 개의 장터에서 수십억 페이지의 전문정보를 소화해내고 있다. 이외에도 종이신문, 잡지들까지 합치면 눈이 핑핑 돌 지경이다.

이들 매체들의 거대한 힘은 그 대부분이 사이버 상에 판을 벌이고 있는 광활한 장터에서 나타난다. 사이버 시장에서는 제품의 종류나 규모, 시간과 거리를 가리지 않고 무수한 거래가 성행하고 있다. 그중에서도 가장 큰 시장은 단연 문화시장이다.

게임, 음악, 영화, 애니메이션, 사진, 캐릭터 등의 콘텐츠는 세계 문화산업시장의 주 종목으로 자리 잡고 있다. 전통적인 매체에서 쏟아져 나오는 뉴스, 패션, 교육들도 문화산업시장의 범주를 벗어난 것이 거의 없다. 이들은 모두 인간의 두뇌에서 생산되고 가공되는 정신 산물이다. 풍부한 천연자원이나 인구가 많다고 저절로 얻어지는 자원이 아니다. 또한 제조업처럼 한꺼번에 대량생산이 가능한 그런 자원도 아니다. 긴 역사와 전통으로 축적되어 온, 풍부한 문화자원을 가진 나라 정도는 되어야 얻을 수 있는 가치들이다. 거기에다 상상력이 풍부하고 창의력이 뛰어난 인적 자원까지 갖추고 있으면 금상첨화다. 그런데 현재 수준으로는 문화콘텐츠의 양이나 질이 고객들의 욕구를 시원하게 만족시키지 못하는 것이 아쉬울 뿐이다.

하지만 이것이 바로 한국 문화산업의 문제점이자 가능성을 높여주는 자극제가 되고 있다. 현재 한국에는 영상콘텐츠 분야를 살찌울 만한 뛰어난 재능과 끼 넘치는 젊은 작가들이 쏟아져 나오고 있다. 매년 신문사에서 뽑는 신진작가들의 응모작은 200여 편을 넘기기 어렵다. 그러나 방송국의 공모에 응모한 작품은 매년 그 10배에 달하고 있다. 이로 인해 방송국마다 풍부한 작가 풀(Pool)이 마련되어 있어 사이버 콘텐츠 시장의 잠재력이 탄탄해지고 있다. 이것이 바로 한국의 문화콘텐츠 시장을 밝게 전망할 수 있는 이유이다.

한국의 사이버 문화시장이 국제 사회에서 주목을 받고 있는 것은 한국인의 기질과 밀접한 관계가 있다. 사이버 시장은 상상력이 풍부한 전문 인력과 극성스러운 소비자들이 있어야 성장할 수 있다. 한국에는 지금 군소 인터넷 서비스업체들이 무더기로 사라지기도 하지만 다른 편에서는 봄비에 솟아나는 죽순처럼 새로운 서비스업체들이 줄기차게 생겨나고 있다. 큰 자본 없이 창의력과 도전 욕구만으로도 잠재된 재능을 펼칠 수 있는 기회가 열려 있기 때문이다. 한국인의 타고난 혼합과 창조 기질은 실패의 경험 위에 새로운 아이디어를 접목시킨 신제품으로 내성을 길러가고 있다.

특히 한국의 문화예술 시장은 한국인의 타고난 호기심과 창작욕을 자극하며, 새로운 가치 창조에 기름을 붓고 있는 중이다. 세계화 추세에 따라 이제는 세계 어느 나라에서도 인터넷이 생활필수품이 되어 버렸다. 이런 추세에 맞추어 세계적인 콘텐츠 제작자들이 한국 시장에 관심을 기울이고 있다. 이것은 신상품에 대한 전파력이 빠른 데다, 한국인 특유의 신속한 반응, 수준 높은 감식안 때문에 시장성 예측이 용이하기 때문이다. 이렇게 한국의 사이버 시장은 항상 역동적으로 꿈틀대고 있다.

한국에는 세계 최고 수준의 소비자, 비판자가 즐비한데 이들의 혹독한 평가를 이겨낸 제품은 국제시장에서도 성공가도를 달리는 경우가 많다. 한국의 문화시장은 이렇듯 까다롭고 철저한 소비자 그룹과 세련된 문화 욕구를 선도적으로 수용하는 제품과 서비스, 그리고 역동적인 시장이 유기적으로 잘 연계되어 있다.

14 한류, 한국의 정서

한국인의 정체성 속에 정제된 모습으로 융합해 온 것이 다른 아시아인에게 향수를 불러일으킨 것이다.

한류(韓流)란 1990년대 후반부터 중국과 동남아에 불어닥친 한국 대중문화 열풍을 말한다. 거슬러 올라가자면 한류는 옛날에도 있었다. 중국 원나라 황실에 고려의 풍속 등이 '고려양(高麗樣)'이라는 이름으로 대유행을 한 것은 익히 알려진 사실이다. 그리고 그 이전 삼국시대에도 중국 사회에서 한류가 인기를 끌었다는 기록이 남아 있다.

수나라 문제는 황제의 위엄을 높이기 위해 '7부악(七部樂)'을 제정했는데 그중 하나가 고구려 음악을 그대로 가져온 것이다. '구당서'에도 어사대부 양제라는 사람이 연회장에서 고구려 춤을 추었다는 기록이 전해지고 있다. 일본에도 오늘날의 마술 공연과 같은 신라의 '입호무(入壺舞)'가 큰 인기를 끌었다고 『신선고악도』에 전해지고 있다.

그러나 한류가 여러 나라에 걸쳐 동시적으로 엄청난 열기를 불어넣은 것은 처음 있는 일이다. 1996년 한국 드라마의 중국 진출에 이어 한국 가요가 상륙하면서 이삼 년 사이에 중국 대륙에 한류에 의한 대중문화 붐이 일기 시작했다.

'한류'라는 말도 2000년 중국 언론이 만들어낸 것이다. 특히 2000년 이후에는 중국 외에 아시아 전역으로 드라마, 가요, 영화가 진출했고 2003년에 들어서부터는 한국의 가수, 탤런트, 영화배우 등 인기 연예인의 방문이 이어졌다. 이어서 한국 제품, 한국인을 좋아하는 열혈팬들이 엄청나게 늘어났다. 중국 언론들은 이런 사람들을 '합한족(哈韓族)'이라 부른다.

한류 열풍은 특히 중국, 일본, 대만, 홍콩, 태국, 베트남, 인도네시아, 필리핀, 캄보디아, 몽골, 카자흐스탄, 우즈베키스탄 등을 비롯하여 널리 중동지역과 아프리카로까지 그 영역을 넓혀가고 있다. 이제는 한국 문화를 전혀 모르던 구미사회에서도 관심을 보이기 시작했다.

그렇다면 한국의 무엇이 아시아인을 열광케 했을까. 그 해답은 대략 세 가지로 볼 수 있다.

첫째, 아시아 지역에 뉴미디어가 대량 보급되어 정보 교류의 자유가 넓어졌으나 이를 만족시켜 줄 자체 콘텐츠가 절대적으로 부족했기 때문이나. 불과 20여 년 전만 해도 동남아권 대부분은 사회체제가 경직되어 있거나 미디어 보급이 매우 취약했다. 그러다가 갑자기 이념적 장벽이 풀어지고 자유화와 개방화 물결을 맞으면서 지역주민들의 문화 욕구도 다양하게 분출되기 시작했다.

처음에는 미국을 비롯해 중국과 일본의 문화상품이 그 공백을 메워 주었으나 이질감이 컸다. 이때 등장한 한국의 문화상품은 중국이나 일본과는 색다른 친근감을 불러일으켜 한류 바람을 촉발시킨 결정적 계기가 된 것이다.

둘째, 한국인의 기질적 특성이 함축된 한국 작품들이 아시아인의 문화 정서에 심정적 공감대를 높여 주었다는 점이다. 뉴욕타임스는 '중국 젊은 이들을 위한 한국문화'라는 제목의 베이징발 기사를 통해 "중국에서 한국이라는 단어는 패션과 스타일을 상징하며, 그래서 중국 젊은이들은 한국을 모방하고 있다"고 보도했다.

셋째, 한류 열풍은 문명사적으로 볼 때 유교 문화권의 복원과 관계가 깊다. 중국 TV제작위원회 장밍지 사무국장도 한국 드라마가 중국에서 인기를 얻고 있는 이유를 '한국 드라마의 핵심 내용인 가족구성원 간의 사랑, 효, 부부 간 애정, 시련에 굴하지 않는 남녀 간 사랑 등 전통적인 도덕관이 유교 문화이기 때문'으로 분석하고 있다.

한류란 그저 지나가는 놀이문화의 유행이 아니라 아시아의 문명사적 의미를 갖고 있다. 20세기를 이끌고 온 서구적 근대 문화는 아시아인의 마음 깊은 곳을 사로잡지 못했지만 한국의 문화는 달랐다. 한류 열풍이 아시아인에게 마음으로부터 강렬한 호응을 얻게 된 것은 그 뿌리가 유교 문화라는 공감대가 있었기 때문이다.

아시아 대부분의 국가들은 유교 문화의 전통을 수천 년간 공유해 왔다. 그러나 근래 들어 이런 전통이 변질되거나 사라져가고 있었다. 그러나 유독 우리 한국만이 이런 전통을 잘 지켜왔을 뿐 아니라, 한국인의 정체성 속에 정제된 모습으로 융합해 온 것이 다른 아시아인에게 향수를 불러일으킨 것이다.

15 자랑스러운 한국인

문화콘텐츠 산업의 저변을 탄탄하게 다져주는 수준 높은 수요자, 왕성한 문화정보 교류 풍토, 관련 시장의 활성화, 세계 수준의 미디어 기술들이 한국에 모여 있기 때문이다.

대한상공회의소가 발표한 '한국인 라이프스타일 특성과 기업의 대응전략 보고서'는 우리나라 신세대의 3대 키워드를 제시하고 있다.

첫째는 업로드, 둘째는 네트워크, 셋째는 감성이다. 이미 한국에서는 청소년 계층이 구매환경에서도 가장 강력한 영향력 있는 계층으로 자리 잡은 지 오래다. 신지어 노인 상품까지도 우리 청소년의 평가에 따라 매출규모가 오르내릴 정도가 되었다.

따라서 대다수 기업들은 청소년층의 라이프스타일과 이들의 3대 키워드를 잘 활용할 수 있는 경영전략에 미래를 걸고 있다. 청소년들이 새 지식, 새 트렌드, 새 욕구에 대한 시장동향을 누구보다 빠르게 감지하기 때문이다.

이미 신세대의 라이프스타일은 기존 생활문화 속에도 어느새 알게 모르게 깊숙이 침투되어 있다. 신세대의 반짝이는 감각은 특히 인터넷에서 놀라운 능력을 드러내고 있다. 왕성한 '리플' 달기로 다양한 여론을 창출하고 있으며 이를 통해 자유분방한 사회참여, 정보공유, 분별력을 길러가고 있다.

이들 대부분이 천만이 넘는 미니홈피의 주인이면서, 새 문화 형성의 선두주자 자리를 굳혀가고 있다. 그 중심에 있는 한국 청소년의 네트워크 활용능력은 거의 독보적이다. 어느새 이들의 주된 정보원(情報源)은 기성세대가 아닌 인터넷이 되어 버렸다. 인터넷을 통한 신속한 정보 검색으로 이들은 빠르고 정확한 문제해결 능력을 갖추고 있다.

대다수 기업들이 브랜드 알리기에 공을 들이고 있는 이유도 핵심 표적인 청소년층의 감수성이 브랜드 선호로 기울고 있는 데에 자극을 받아서이다. 이런 노력은 해외 마케팅에서의 국내 브랜드 인지도 향상에도 직접 영향을 끼치고 있다.

유난스레 까다로운 소비자 집단이 된 한국인은 세계 최대, 최고의 검색업체인 구글(Google)을 한국에서 맥도 못 추게 했다. '비즈니스 위크' 지가 그 실상을 보도했다. 구글은 단순히 검색사이트의 한계를 넘어 방대한 사업 확장을 하는 등 미국 사회에 '구글 혁명'을 주도하고 있다. 구글이 세계 시장을 장악하고 있지만, 한국 시장에서는 네이버·다음·네이트 등 한국 토종사이트에 밀려 있다는 사실에 놀라움을 표시하고 있다. 이는 문화콘텐츠 산업의 서변을 탄탄하게 다져주는 수준 높은 수요자, 왕성한 문화정보 교류 풍토, 관련 시장의 활성화, 세계 수준의 미디어 기술들이 한국이라는 나라에 모여 있기 때문이다. 이곳에서 한국의 포털들은 인터넷 수요자의 만족도를 높이기 위해 빼어난 창의력, 순발력, 기술력을 갈고닦아 왔기 때문이다.

이런 일들은 우연이 아니다. 어느덧 우리는 세계에 영향을 미치는 한국인으로 성장했다. 아직 조화롭지 못한 부분도 있고, 초고속 성장의 뒤안길에는 불균형과 성장통도 있다. 하지만 이를 인정하고 해결하면서 앞으로 앞으로, 당신의 꿈을 향해서 가면 된다.

아득하게만 보이던 선진국인 영국, 프랑스, 러시아, 네덜란드 등을 모두 제친 것을 보면 한국의 밝은 미래가 환히 보여 마음이 설렌다. 세계 최빈국의 대열에서 부지런히 뛰어온 한국의 추진력이 새삼스럽다. 그것이 바로 당신의 추진력임을 신뢰하라. 그리고 한국의 위상과 좌표가 바로 당신의 것임을 확신하기 바란다.

Real Corea
IN THE WORLD

> " 당신의 내부에 있는
> 메타포 프로그램은 이 책을 받아들이는
> 과정을 통해 내재된 당신의 힘을 다시 인식시킬 것이다.
> 그리고 보다 확장시킬 것이다. "

우리 한국인이 세계 어디에서도 볼 수 없는 기적을 이루어낸 지금, 우리 한국의 성취 일부를 다시 되새김해 보았다. 그런 위대한 기적을 이루어낸 한국인의 정체성 속에 정제된 모습으로 융합해 온 기질과 성향, 그로 인한 능력을 또한 되먹임해 본다. 그러한 과정이 바로 메타포이다.

당신의 내부에 있는 메타포 프로그램은 이 책을 받아들이는 과정을 통해 내재된 당신의 힘을 다시 인식시킬 것이다. 그리고 보다 확장시킬 것이다. 그것으로 이미 당신이 갖추고 있는 능력을 더욱 확실히 인식시키고자 한다.

01 고전(古典) 속에 비친 한국인의 기질

다원적 정신가치를 폭넓게 수용하는 데다 남다른 교육열과 풍류적 특성마저 갖춘 것을 보면, 군자의 풍이 생활이념으로 자리 잡은 것이 분명하다.

일반적으로 우리는 우리나라가 중국이라는 큰 나라에 조공을 바치던 작은 나라였다고 생각한다. 하지만 과거 우리 조상은 역대 중국인들의 선망의 대상이었다. 그런 한국인의 기질에 대해서 중국 역사서에 비교적 상세한 기록이 전해오고 있다.

BC 4세기경에 편찬된 중국에서 가장 오래된 편찬지리서인 『산해경(山海經)』에는 한국인을 패션 감각과 겸양지덕에다 호전적 잠재력도 갖춘, 신사도가 몸에 배인 민족으로 기록했다. '동방에 군자의 나라가 있으니 그곳에는 죽지 않는 백성이 살고 있다.' '군자국은 북쪽에 있으며 의관을 갖추어 입고 칼을 차고 있으며, 그 사람들은 사양하기를 좋아해 싸우지 않는다.'

후한서 『동이전(東夷傳)』에도 '그 백성이 어질고 생을 귀히 여겨 천성이 유순하다. 도(道)로써 그 운을 지켜나가니 군자불사(君子不死)의 나라를 이루고 있다'며 평화를 중요시하는 문화민족으로 묘사하고 있다.

『위지(魏誌)』 고구려전(高句麗傳)에는 '고구려 사람들은 성질이 흉악하고 급하며 덤비기를 좋아한다' 하여 성급하고 용감한 감투정신을 한국인의 별난 기질로 평하고 있다. 『구당서(舊唐書)』 고구려전에도 '풍속이 서적을 사랑하고(俗愛書籍)', 『신당서(新唐書)』 고구려전 역시 '사람이 배우기를 좋아하는' 지적 욕구가 강한 문화민족으로 보고 있다.

공자가 『논어(論語)』에서 한국을 '군자국'이라 부르면서 이주하고 싶은 이상향으로 본 기록이 있다. 동방삭(東方朔)의 『신이경(新異經)』에도 '풍속이 아름답다'고 칭송하고 있다. 그 때문인지 당나라 시대에는 신라를 '동방예의지국'이라 부르고, 신라 사신을 다른 나라 사신보다 항상 윗자리에 배치했다. 이런 전통은 조선시대까지 이어졌다고 한다.

현존하는 고대 기록 중 가장 오래된 것으로는 '광개토왕비'와 신라 '진

홍왕 순수비'가 있다. 광개토왕비에는 고구려 시조인 동명왕이 세자인 유류왕에게 남긴 '도로써 나라를 다스려라(以道與治)'는 유언이 실려 있다. 또 신라 진흥왕 순수비 중 황초령비(黃草嶺碑)에는 '순수한 풍습이 베풀어지지 못하면 참된 도리가 어긋나게 되고 …… 제왕이 통치이념을 세우는 것은 자기 몸을 닦아 백성을 편안케 하고자 함이다'는 경구를 담고 있다. 이런 정신은 고려시대로도 이어져, 최치원의 난랑비(鸞郎碑) 서문에도 나타나 있다. '우리나라에는 현묘한 도가 있으니 그것이 바로 풍류이다. …… 한국의 설교(設敎) 속에는 3교(유, 불, 선)의 뜻이 고루 포함되어 있으며, 그 교리는 실로 많은 백성들을 감화할 만하다.'

중국과 한국의 옛 기록을 음미해 보면 미처 생각지도 못했던 흥미 있는 특징이 발견된다. 중국의 시각은 천여 년 동안 여러 왕조들이 바뀌어 오면서도 한국을 '군자의 나라'로 일관되게 보고 있다는 점이다. 중국과 인접해 있으면서 우리 민족은 수천 년 동안 셀 수 없는 전쟁과 갈등과정을 겪어 왔는데도 말이다.

'군자'란 사전적 의미로는 '학문과 덕성이 높고 행실이 바르며 품위를 갖춘 사람'을 말한다. 그런데 우리 한국의 고대 기록 속에는 스스로를 군자의 나라라고 자찬한 흔적이 없다. 다만 평화와 왕도정치를 숭상하면서도 대인관계에서 인정주의와 명분을 중요시한 전통이 있다. 또 다원적 정신가치를 폭넓게 수용하는 데다 남다른 교육열과 풍류적 특성마저 갖춘 것을 보면, 군자의 풍이 생활이념으로 자리 잡은 것이 분명하다.

한국인의 기질이 한국문화 속에서 동질적 문화공감대 형성에 결정적 역할을 해온 것을 알 수 있다. 하지만 한국인의 기질에 대한 국내 지식인들의 시각은 매우 주관적이다. '모방성이 강하며 회색분자가 많고 형식적인 것을 좋아하며 방종, 사치, 낭비, 사행심이 심하다' '자립정신이 부족한 데다 과거에 집착하며 긍정적 희망적 사고가 부족하다' 등의 부정적인 평가와 '인정이 풍부하며, 인내심, 감투정신이 강한 데다 낙천적이고 독창성과 교육열도 강하다. 또 풍부한 감성의 신바람문화가 체질화되어 있고 유머를 좋아한다' 등의 긍정적 평가가 있으나 부정적 시각에 비중이 치우쳐 있다. 이는 일제 강점으로 나라를 잃은 데 대한 자조와 지나친 겸손이 비하적인 생각으로 바뀐 경향이 작용한 듯하다.

02 외국인이 바라본 현대 한국인의 기질

한국인은 개척정신이 강하고, 낙천적이며, 개개인이 우수한 재능과 강한 개성을 지니고 있다는 데 공감하고 있다.

한국 사회가 개방되고 국제교류도 왕성해지면서 세계 각국 사람들은 한국인의 기질에 대해 상당히 좋은 점수를 주고 있다. 근대화 이후 중국과 일본인들은 한국인이 개척정신과 호기심이 많고 예의를 존중하며 낙천적인 반면에 당파성이 강하고 과시성이 높으며 의존적 성격도 강하다고 여겨왔다. 또한 과거지향적이고 사치와 낭비벽도 심한 데다 미신을 숭상하고 폭력성도 강하다고 여기며, 개인적 재능은 비교적 우수한 편이나 단체생활에서는 조직력과 단결력, 질서의식이 부족해서 국민으로서는 결함이 많은 것으로 지적하고 있다.

그러나 한국이 산업화 과정을 거치는 동안 세계국가들과의 무역·과학·교육·문화·예술적 교류가 강화되면서 한국인에 대한 다양한 평가가 쏟아져 나오고 있다.

외국 상공인들 시각으로 볼 때 한국인은 역동적이고 융통성이 있으며 인간미가 넘친다. 반면, 합리성과 준법정신이 부족하며 노사대립이 한계를 벗어나기 일쑤인 나라이다. 또 기업들조차 공존의식 부족으로 건강한 기업문화를 흐리게 하고 있다.

외국 언론계나 일반 여행객들의 시각은 좀 다르다. 한국인이 고유문화를 존중하고 노인을 공경하는 점, 낙천적 인정주의와 역동성과 도전정신, 거기에 풍부한 감수성과 우수한 두뇌의 소유자라는 장점을 더 높게 꼽고 있다. 그러나 지나치게 성급하며, 거친 성격에 흥분을 잘 하고, 희박한 질서의식, 이기주의, 남에 대한 배려 부족 등을 단점으로 지적한다. 그렇지만 문화예술계의 한국관은 훨씬 긍정적이다. 이들은 한국인의 이타주의 부족과 운명론에 쉽게 빠져드는 것을 제외하고는 거의 밝은 미래를 점치고 있다. 타고난 감성적 호소력, 인정주의와 자연미, 뛰어난 퓨전(Fusion) 능력, 풍부한 창의력이 넘치는 국민으로 보고 있다.

이를 종합해 보면 한국인은 개척정신이 강하고, 낙천적이며, 개개인이 우수한 재능과 강한 개성을 지니고 있다는 데 공감하고 있다. 그러나 집단이기주의와 당파성이 강해 국제화를 지향하는 국민으로서의 결함이 많다. 외형을 중시하여 허례와 과시성이 강하며 과거지향적이고 질서의식이 약하다. 또 감정적 폭발력이 강하여 자칫 폭력적으로 기울어지는 경향이 있다.

이는 한국인의 입장에서 보더라도 인정할 수밖에 없는 면이 많다. 다만 서구인들의 시각이 좀 더 구체성을 띠고 있는 것은 한국인의 기질을 개방된 국제 사회에서의 적응능력에 초점을 맞추었기 때문이라고 본다. 외국인들의 한국관 역시 과거 한국인에게서 찾아볼 수 없던 새로운 기질을 찾아냈다고 볼 수는 없다. 경제 성장과 국제적 지위 향상으로 자신감이 붙으면서 과거에 숨겨졌던 개성적 기질이 눈에 띄었을 뿐이다.

03 집단적 동조 성향

복잡한 디원사회에서 정보 공유를 자극하여 소속 구성원의 지적, 비판적 안목을 높이는 역할까지 하고 있는 것이다.

한국인은 21세기 지식 사회에 매우 유리한 기질을 타고났다. 한국인은 각자의 개성이 강한 데다 성질마저 조급하다. 그런데도 남이 하는 것을 따라 하는 집단적 동조(同調) 성향은 유난히 강하다. 수많은 국난을 겪으면서 익힌 생존 본능과 순발력 때문인 듯하다. 이것이 뿌리 깊은 허세적 권위의식을 낮게 한 원인일 것이다.

국내외에서 유행의 조짐만 나타나면 그것이 패션이든 소비상품이든 문화예술 관련 방송프로그램이든 유사제품이 봇물처럼 쏟아져 나온다. 학벌 지상주의도 같은 맥락이다. 하지만 생각 없이 그대로 따라 하기만 하는 것은 아니다. 남을 따라 하면서도 개개인의 반골적 이기심이 여지없이 드러난다. 남에 대한 칭찬보다는 약점을 들추고 시비를 거는 삐딱한 관여(關與)

의식이 더 많이 끼어든다. 이 같은 한국인들의 병적인 동조성과 관여의식은 다른 나라 사람보다 유별난 것으로 정평이 나 있다.

새로 나온 자동차나 가전제품 등을 남이 사면 나도 사야 하고, 명품을 살 형편이 안 되면 '짝퉁'이라도 가져야 직성이 풀린다. 남이 좋은 대학 다니고 외국유학을 떠나면 나도 같은 코스를 밟아야 마음이 놓인다. 그러면서도 남의 성공에는 초를 치고 싶어 하는 훼방 기질이 간섭과 비방, 험담으로 이어진다. 그러나 다른 한 편에서는 그것이 의외로 미묘한 순기능을 낳기도 한다.

특히 인터넷 열풍은 한국인의 잠들어 있던 기질에 불을 붙인 자극제가 되었다. 온갖 '악플'이 난무하는 이런 '역외 시장'에는 역기능만 있는 것이 아니다. 놀랍게도 이런 극성스러운 동조성향과 관여의식이 절정기를 지나면서 투명성 유지를 위한 감시기능으로 자리 잡고 있는 것이다. 또 폭 넓은 제품 정보, 건강한 기업 윤리와 경영의 지혜까지 제공한다는 사실이다. 나아가 복잡한 다원사회에서 정보 공유를 자극하여 소속 구성원의 지적, 비판적 안목을 높이는 역할까지 하고 있는 것이다.

최근 들어서는 외국의 기업들, 각종 IT제품 업체는 물론 화장품 회사까지 신제품 출시에 앞서 한국을 찾는 일이 잦다. 한국 소비자들이 어느 나라보다 집단반응이 빨리 나타나고, 해당 제품에 대해 구체적이고 까다로운 평가까지 얻을 수 있어 성패를 가늠해 보는 최적의 장소로 평판이 나 있기 때문이다. 이런 성향은 기업에서도 그대로 적용되고 있다.

한국 기업의 동조성은 유별나다. 일본과 서구 사회의 발전된 기업을 흉내 내서 따라 하는 관습은 오래 전부터 계속되어 왔다. 특히 한국 기업들은 산업화 과정에서 일본의 산업과 관련 기술, 경영 기법 등을 그대로 베껴왔다. 그러나 남의 것을 그대로 따라 하면 그 나라보다 더 좋은 제품을 만들기가 어렵다는 것을 알고 있다.

각 기업은 고지식한 복제보다는 제각기 독특한 자기 스타일이란 것을 입히고 싶어 한다. 모방 제품에서도 자기 색깔을 입히고 싶어 하는 관여의식이 작용한 때문이다. 이런 한국인의 동조정신과 관여의식은 개인과 사회발전을 앞당기는 견인차 역할을 해 왔고, 앞으로도 그럴 것이다.

04 모빙 능력

한국인은 자신의 것으로 만드는 과정에 감성 기질을 충분히 융합시켜 새로운 가치를 창출했다.

산업화 과정에서 한국은 5대 수출주력 산업을 설정해 놓고 여기에 공을 들여왔다. 반도체와 전자제품, 자동차, 철강, 조선, 석유화학 등이 그것이다. 이는 일본의 5대 수출주력 산업과 같은 것이다. 또 세계 시장을 겨냥해서 만든 종합상사라는 것도 일본 것을 그대로 들여온 것이다. 실제로 한국은 이런 전략을 써서 성공을 거두었다. 국가 전략을 세우는 데 드는 노고와 시간을 절약할 수 있을 뿐만 아니라, 시행착오도 예방할 수 있어 많은 재미를 본 것이 사실이다.

다행히 한국 기업들은 여기에 안주하지 않고, 경영노하우가 쌓이면서 한국적 색깔을 입힌 차별화 전략을 세우기 시작했다. 한국 기업들은 아무

리 선진 기업이 택한 생산이나 운영방식이라도 그대로 따라 하지 않는다. 그보다는 좀 튀는 개성적인 마케팅을 선호한다. 그 때문에 기술 수출국인 일본 등에 오히려 위협을 주는 상황도 벌어지고 있다.

어느새 반도체와 전자제품, 조선 등은 일본을 따라잡았고, 자동차와 철강 산업도 일본을 긴장시키기에 충분할 만큼 성장했다. 이는 국제시장에서 일본의 벽을 넘어야 한다는 절박감도 작용했지만, 더 다급한 상황은 물불 안 가리는 국내시장에서 살아남기 위해서였다. 우리 기업들은 과잉생산이나 중복투자 같은 출혈경쟁이 시장 질서를 무너뜨려 공멸한다는 사회적 책임 의식이 약하다.

국민의 이기적 기질이 기업에서도 드러난 때문인지 생존 방법도 상대

기업을 제압해야만 가능하다는 생각이 지배적이다. 국내시장은 물론 해외 시장에서도 한국 업체끼리의 공조체제는 지극히 소극적이다. 또한 가격 인하 경쟁이나 상대방 헐뜯기로 자신이나 나라 체면에 큰 손상을 입혀서는 안 된다는 생각도 약하다. 하지만 일본은 덜한 편이다. 외국시장에서도 일본 기업이 외국 기업과 협상 중에 있을 때, 그 사이를 비집고 들어가는 일이 드물다.

그러나 이런 원색적이고 야박한 한국 기업 풍토가 꼭 나쁜 것만은 아니다. 경쟁 업체끼리 한바탕 추악한 전쟁을 치르고 나면 그 속에서 놀라운 순기능이 살아난다. 삼성과 LG의 국제 경쟁력은 국내에서의 격렬한 투쟁에서 얻은 내성 때문이다. 이 살벌한 한국 시장에서는 아무리 난다 긴다 하는 외국 기업도 살아남기 힘들다. 한국에 진출한 세계적 전자업체들은 대부분이 한국 시장에서 고전하고 있다. 인터넷포털만 해도 세계 시장을 석권하고 있는 미국의 구글이나 야후가 3, 4위권 밑으로 처져 있는 나라는 한국밖에 없다.

유통산업도 마찬가지다. 선진국의 대형 유통업체들이 한국 시장에 진출하면서 한때 한국의 유통산업은 고사 위기까지 몰렸다. 그러자 한국 업체들은 재빠르게 선진국 유통업체의 장점을 따라 하면서 개성적인 차별화 전략을 만들어내 한국 시장 탈환에 청신호를 올리게 되었다. 한때 한국 유통시장을 주도했던 월마트는 한국 유통업체 등쌀에 견디지 못하고 철수해 버렸다. 변덕스러운 한국 구매자의 입맛을 맞추는 데 실패했기 때문이다. 결국 월마트는 늘어나는 적자를 만회할 수 없어 한국 내 16개 매장을 한국의 흑자 유통업체인 신세계에 매각해 버렸다.

선진국의 장점을 빠르게 따라잡으면서, 발전 모델을 개발할 수 있었던 한국 기업의 모방 능력은 한국인의 기질에서 나온 순발력을 최대한 동원한 것이다. 거기에 특유의 역동성과 속도에서 새로운 승부를 걸었기 때문에 가능했다. 그리고 한국인은 자신의 것으로 만드는 과정에 감성 기질을 충분히 융합시켜 새로운 가치를 창출했다.

05 세계 시장을 개척한 감성 기질

이제는 어느 것이 더 시대감각에 맞게 감성적인 호소력이 있고, 친근감을 주느냐로 승부가 난다. 현대를 디자인의 시대라고 부르는 것도 이 때문이다. 이런 시장 변화는 외모와 허례허식을 앞세우는 한국인의 감성적 과시주의와 변덕스런 기질에 딱 맞아떨어지고 있다.

세계적인 광고 회사 '제니스 옵티미디어' 아시아 담당 사장인 필립 탈보는 이런 말을 했다.

"한국은 전 세계 소비시장의 유행을 보여주는 창문과 같은 곳이다. 해외 광고주들이 새로운 마케팅에 대한 소비자의 반응에 대해 궁금해 하면 '한국을 보라!'고 말한다. 우리가 한국 시장에 관심을 갖는 것은 바로 이런 이유 때문이다. 한국은 인터넷이 발달한 데다 소비 수준이 높기 때문에 특정광고에 대한 반응을 미리 점쳐 볼 수 있는 최적지이다."

이미 50여 년 전에 미셸 푸코(Michel Foucault)는 앞으로의 사회는 이성이 아닌 비이성이 주도하는 세상이 될 것이라고 예언했다. 이성이 모든 가치 판단의 척도가 되던 전통적인 20세기 시각에서 볼 때에 그의 말은 망언(妄言)으로 여겨졌다.

하지만 21세기에 접어들면서 그의 예언은 적중되어 가고 있다. 사회 체제가 지적, 정신적 사회로 바뀌면서 인간의 직관과 감성이 중요한 가치로 자리 잡아 가고 있기 때문이다. 감성이 모든 산업에서는 물론 기존의 철학과 역사, 예술, 심지어 의학에까지 광범한 영향을 미치는 세상이 되어 버렸다.

감성 산업의 핵심 분야는 문화, 예술을 비롯한 엔터테인먼트 산업으로 대표될 수 있다. 이미 감성은 인간의 생활 방식에 대변혁을 선도하는 키워드가 되었다. 이제는 모든 제조업은 물론 정치, 경제, 교육 등 사회 모든 분야에서 감성적 요인이 성패를 가름하는 필수요소가 되어 버렸다. 오늘 같은 다원적 경쟁 사회에서 모든 선택의 핵심 권력은 소비자에게로 넘어가고 있다. 수요자의 마음을 사로잡는 감성적 공감대가 형성되어야 제품이 팔리기 때문이다.

한국인이 세계 소비시장에서 주목을 받고 있는 것은 전통적으로 남다르게 개성적이며 감성 또한 예민하기 때문이다. 이 특성이 동조성을 띨 때 그 파급효과는 폭발성을 가지게 된다. 이러한 한국인의 별난 감성 기질이 한때는 불치병으로까지 매도되었다. 허례허식 등의 과시주의에다 유행과 향락, 퇴폐 산업을 부추겨 왔기 때문이다. 나아가 정치 · 경제 · 사회적으로도 분열과 불법, 불투명, 불공정은 물론 파벌주의 문화 등 역기능을 낳는 데도 큰 몫을 했기 때문이다.

한국은 과거 오랫동안 본능산업이라 할 수 있는 먹고사는 문제에만 매달리느라 좀 더 밝은 세상을 등지고 살아왔다. 그러나 절대 빈곤이 해결되고, 문화 욕구가 고개를 들면서 상황은 달라졌다. 잠들었던 감성 기질이 빛을 내기 시작한 것이다.

다양한 개성들이 자신만의 세계를 찾아나서는 정신적 질풍노도 시대를 맞이하면서 은밀한 골방에서 뛰쳐나오게 되었다. 개성적인 수요 시장이 다변화되고 넓어지면 공급자 시장도 체질이 바뀔 수밖에 없다. 특히 이때부터 한국인의 풍부한 감성 기질이 여러 곳에서 외국인의 주목을 받기 시작했다. 프랑스의 등산용품 브랜드 '라푸마'는 홍콩에 판매할 재킷 등 등산용품을 한국의 LG패션에서 수입해 갔다.

독일의 명품 잡화 브랜드 'MCM'도 새로운 디자인을 못 내놔 고전 중일 때, 한국의 협력업체가 신제품 디자인을 거뜬히 만들어 주었다. 미국의 월마트나 JC페니 백화점 등 외국의 거대 유통업체들도 아예 한국에 구매 사무소를 차려놓고 의류 및 잡화를 지속적으로 사 간다. 한국 제품의 발상이나 디자인 수준이 날로 세련되어가기 때문이다.

요새는 국내외를 막론하고 기업 간 제품별 기술 격차가 날로 줄어들고 있다. 이제는 어느 것이 더 시대감각에 맞게 감성적인 호소력이 있고, 친근감을 주느냐로 승부가 난다. 현대를 디자인의 시대라고 부르는 것도 이 때문이다. 이런 시장 변화는 외모와 허례허식을 앞세우는 한국인의 감성적 과시주의와 변덕스러운 기질에 딱 맞아떨어지고 있다.

06 냄비 근성, 변덕스러운 감성 기질

지금 세계의 글로벌기업치고 감성경영 · 감성산업 개발에 눈을 뜨지 않은 곳이 없다. 한국인의 타고난 감성 기질이 물을 만난 것이다. 잘만 활용하면 기업 경쟁력에서 엄청난 폭발력을 발휘할 수 있다.

투명사회협약실천협의회 보고서(2006. 9)에 의하면 한국에서는 기업 및 기관 소속 대외업무 종사자의 68%가 '불법 로비'의 심각성에 공감하는 것으로 나타났다.

로비활동은 이해 당사자들이 자신에게 유리한 판단이나 설득, 진실 규명 등을 위해 이루어진다. 세계 어느 나라에서나 로비활동의 자유는 어느 정도 인정되지만, 그 한계에 대해서는 엄격한 선을 긋고 있다. 그러나 한국 사회에서는 좀 유난스럽다. 한국은 서구 사회와는 달리 공식적인 로비 활동을 인정하지 않고 있다.

그런데도 정치권을 필두로 국가 공공기관이나 기업 등 조직사회에서 불법 로비 시비가 그치질 않는다. 월권 · 불공정 · 특혜 시비가 멈출 줄 모르는 것은 기질 바꾸기가 그만큼 어렵기 때문이다. 이런 역기능이 만연하게 되면 조직의 시스템 기능이 제 구실을 못하게 되고 공신력도 엉망이 되어 버린다.

대다수 선진국의 조직 문화를 살펴보면 공적 업무와 사적 관심사는 엄격히 구분되어 있으며, 소속 구성원들도 이를 충실히 따른다. 당연히 경영자들도 법과 제도의 틀 속에서 미래를 구상하고 개인적 역량을 살려내는 쪽으로 방향을 잡는다.

그러나 한국의 조직 문화는 다르다. 리더의 철학과 의지와 욕망에 따라 법과 제도라는 것은 언제나 바꿀 수 있는 수단이라고 믿는 성향이 강하다.

한국인의 '꿩 잡는 게 매'라는 논리는 중국인의 '흑묘백묘론(黑猫白猫論)'보다 한참 앞서 있다. 결과를 위해서는 과정은 소홀히 해도 괜찮다는 논리이다. 한국에서는 아무리 중요한 나랏일도 결국은 사람이 하는 것이니, 좋으라고 만든 법이나 제도가 걸림돌이 되어서는 안 된다고 생각하는 사람이 많다. 그래서 법과 제도가 사람에 따라 자주 바뀐다. 그러다 보니 공조직 · 사조직에서는 정책 남발, 일관성 부족, 특혜 시비 등이 항상 따라다닌다.

한국 최고 법인 헌법만 해도 1948년 제정 이래 9번이나 바뀌었다. 자질

구레한 법률 개정은 헤아릴 수조차 없다. 미국이나 일본, 유럽 등 대다수 선진국에서는 헌법의 권위를 하늘처럼 떠받든다. 이들의 눈으로 볼 때 한국인만큼 하늘 높은 줄 모르는 겁 없고 통 큰 국민은 없을 것이다.

그러나 한국인의 기질적 특성을 음미해 보면 이해되는 구석이 있다. 원래 감성 영역에는 한계가 없다. 상상의 세계란 차원을 넘어 거침없이 넘나들 수 있다. 한국에는 기질적으로 감정의 고저나 강약이 유난스런 사람이 의외로 많다. 이런 사람들은 감정이 복받치는 상태에서 주위의 동조현상까지 따라주면 태산이라도 무너뜨릴 듯 무서운 집중력으로 기적을 일구기도 한다. 그러나 관심이 시들해지고 사기가 꺾이면 허망하게 주저앉아 버리는 약점도 있다. 거창한 발전 계획들이 용두사미로 끝나는 일이 비일비재한 것도 이 때문이다. 한국인의 냄비 근성은 바로 이런 기복이 심한 감성 기질에서 연유한 것이다.

그렇다면 어떻게 해야 이 변덕스러운 감성 기질을 경쟁력의 원천으로 바꿀 수 있을까? 지금 세계의 글로벌 기업치고 감성경영, 감성산업 개발에 눈을 뜨지 않은 곳이 없다. 한국인의 타고난 감성 기질이 물을 만난 것이다. 잘만 활용하면 기업 경쟁력에서 엄청난 폭발력을 발휘할 수 있다.

한국인처럼 감성에 따라 이성적 활동이 영향받는 집단도 드물 것이다. 외국에서도 인권운동, 독재정권 타도나 운동경기 등에서 광적인 집단 결속이 일어나는 경우가 종종 있다. 그러나 한국은 그 차원이 다르다.

한국인은 정사선악(正邪善惡)을 가리지 않고 거의 전천후다. 침착하게 마주 앉아 문제를 풀어가기보다는 장외로 뛰쳐나가 고함을 쳐야 직성이 풀린다. 민주화 운동, 월드컵 길거리 응원 열기는 빼고라도 노동단체 · 농민

단체 · 학생단체 · 종교단체 · 시민단체는 물론이고 심지어 법을 만드는 국회의원들까지 장외에서 집단 열기를 뿜어댄다. 정말 대단한 감성 기질이라고 할 수 있다.

07 모험적 감성 기질

한국인의 감성 기질은 한번 고조되는 기운을 타게 되면 이상스럽게도 그리 거창한 목표가 아니라고 해도 똘똘 뭉쳐버린다. 이때의 집중력은 이기적인 개성들을 기업이나 국가, 민족에 대한 일체감으로 통합하고는 한다.

국내 한 연구기관이 외국인을 상대로 한국의 이미지 조사를 했다. 미국, 일본, 중국 등 세 나라의 오피니언 리더 각 200명씩을 대상으로 '한국, 한국인의 이미지 조사'에서 한국에 대한 긍정적 용어와 부정적 용어 5개씩을 고르도록 한 것이다. 그 결과에는 한국인의 감성적 특성이 놀랄 만큼 정확하게 드러나 있다.

긍정적 형용사로는 '강한, 개방적인, 빠른, 역동적인, 투명한' 등 5개가 뽑혔고, 부정적 용어로는 '거친, 무질서한, 불안한, 이중적인, 충동적인' 등 5개였다.

이는 한국인의 전통적 기질에다 오늘날의 세계화 조류에 걸맞게 체질화된 새로운 기질이 적당히 혼합된, 어느 정도 예상되었던 성격을 보여주고 있다. 다만 그 결과 중 의외인 점은 긍정적 용어 중 한국을 '투명한' 나라로 본 점이다. 아마 민주화 투쟁 과정과 정권 교체기를 거치면서 정치와 경제계 밀월관계의 청산 분위기가 외국인에게 인상 깊게 각인된 때문이라 여겨진다. 또한 정당의 정치자금에 대한 투명성에 대해 여론이 비등해지고, 각종 비리의 고리가 끊어져가는 환경이 영향을 주었기 때문일 것이다.

그리고 또 하나 엿볼 수 있는 사실은, 한국인은 목표에 대한 집념이 강한 만큼 달성 수단에서는 공사 구분이 애매한 성향을 띠고 있다는 점이다. 그 때문에 매사가 충동적이고, 모험적이어서 행동방식이 거칠고 제멋대로로 보이게 된다.

과거 한국의 경제 성장속도가 가파른 것이나 기업의 도전정신이 유별난 것은 모험적이고 역동적인 한국인 기질로 보아 얼마든지 예상할 수 있는 일이다. 한국 기업의 도진정신과 신속하고 강력한 실천의지는 유럽에서도 정평이 나 있다.

중국이나 러시아, 인도, 동남아 시장 진출을 놓고 유럽과 일본이 망설이는 사이에 한국 기업들은 위험을 무릅쓰고 과감한 진출을 결행했다. 그 결과 적응력 부족으로 문을 닫은 곳도 있었지만, 현지 시장 선점에 성공해 일본이나 미국, 유럽 기업을 제치고 터를 잡기도 했다.

최근 몇 년 사이에 불황에 허덕이는 내수시장을 공격적인 수출로 물꼬를 튼 것은 한국 기업의 역동성과 모험정신이 거둔 결실이다. 한국인의 감성 기질은 한번 고조되는 기운을 타게 되면 이상스럽게도 그리 거창한 목표가 아니라고 해도 똘똘 뭉쳐버린다. 이때의 집중력은 이기적인 개성들을 기업이나 국가, 민족에 대한 일체감으로 통합하고는 한다. 그리하여 절도 있는 공적 또는 사적 책임이나 권리의 구분마저 애매해지기도 한다.

삼성경제연구소가 한국인의 소비 패턴을 분석한 결과(2000~2004)를 보아도 앞으로 예상되는 세계 시장에서의 감성적 잠재력을 엿볼 수 있다. 여기서 찾아낸 한국인의 소비 트렌드는 5가지이다.

첫째는 사람끼리의 교감을 중요시하는 5감 소비, 둘째는 유비쿼터스(Ubiquitous)가 추가된 '실시간 소비', 셋째는 개성과 대중성을 동시에 추구하는 '개중(個衆) 소비', 넷째는 웰빙 바람을 탄 '휴식용 소비', 다섯째는 소비의 효용을 높이는 '스마트(Smart) 소비' 등이다.

특히 시선을 끄는 대목은 1990년대만 해도 한국인의 소비 패턴은 미국과 일본에 비해 상당히 뒤진 것으로 알려졌다. 그런데 2000년대에 들어서부터는 한국과 일본 사이에 수준차가 거의 없어졌다. 이는 인터넷의 대중화가 시간차 극복을 촉진해준 데다 문화적 동조현상이 국민적 변화를 자극해 주었기 때문이다.

여기서 특히 주목할 것은 이러한 변화가 공사의 명확한 구분 안에서 추진되었다기보다는 한국인 개개인의 감성적이며 집단 이기성이 선도했다고 보는 점이다. 그러니 한국인다운 감성적 올인 정신을 무턱대고 나무랄 수는 없을 것이다.

08 끼리끼리

한국인의 집단 열정과 모험적 기질이 제 길을 찾지 못한 데서 나온 부작용들이다. 어쨌든 이런 무서운 '끼리끼리' 기질의 모험정신은 보이지 않는 나라의 잠재력이라고 할 수 있다.

한국인들의 감성적 모험 정신은 모이면 대단한 힘을 발휘한다. 그래서 인지 한국인처럼 끼리끼리 몰려다니기 좋아하는 민족도 드물다. 한국인 개개인은 매우 이기적이고 개성도 강한 편이다. 그래서 모이면 분쟁이 그칠 새가 없다. 그런데도 이들은 어떤 계기를 만나면 놀라울 정도로 쉽게 단합하며 떼 지어 다니기도 좋아한다.

하지만 요즘은 지연이나 학연, 혈연 중심으로 엮어지던 종래의 비공식 모임은 느슨해진 반면에 셀 수 없는 수많은 동아리들의 교류 폭이 넓어지면서 무시 못할 압력단체로 거듭나는가 하면, 투기 산업을 부추기기도 하고 엉뚱한 여론을 만들어내기도 한다. 특히 놀이 문화에서는 더욱 극성스러운 특성이 두드러지게 나타난다. 한국인이 놀이 문화는 주로 제한된 방(房)에서 꽃을 피우는 경향이 강하다. 사람들이 좀 많이 모이는 상업지구에는 으레 PC방, 게임방, 만화방, 노래방, 찜질방 등이 있다.

한국 사회의 온갖 동조현상이나 비판적 관여의식은 주로 이런 곳에서 집단 심리로 발전하게 된다. 국토가 좁고 인구 밀도가 높은 것이 이유일 수도 있다. 한국인의 방 문화는 일부 계층을 벗어나 전 국민 생활 속에 뿌리를 내렸다. 아마도 한국인의 뜨거운 열정이나 식을 줄 모르는 모험심, 창의적 발상, 편집광적인 집념 등은 모두 여기서 잉태한다고 보아도 무리가 아닐 것이다.

한국인의 감성적 방 문화는 음주, 투기산업 등에서도 그 진면목을 드러낸다. 'ING투자자 심리보고서'(2007.10.15)에 의하면 한국인은 아시아 13개국 중에서 가장 고위험 투자 상품을 선호하는 국민으로 나타났다.

한국인 1인당 소주·위스키 소비량은 세계 4위를 차지하고 있고, 알코

올 중독자가 220만 명에 이른다는 통계도 있다. 한국인은 70% 이상이 집단게임인 고스톱을 즐기는 것으로 알려졌다. 인터넷과 휴대전화에 고스톱 게임이 보급되면서 그 비율은 매년 증가하고 있다.

한국에서 도박산업의 재정수입은 1조 210억 원(1999)에서 4조 66억 원(2003)으로 4년 만에 4배나 올랐다. 음성적으로 이루어지는 도박 시장까지 합치면 더 엄청나다. 국내 사행산업 시장 규모는 정부의 지원을 받고 있는 합법적 사행산업과 불법도박 시장을 합쳐서 연간 55조 원이 넘는 것으로 추산되고 있다.

한국은 OECD 회원국 중 이탈리아에 이어 도박을 즐기는 2위 자리를 차지하고 있다. 국내에서 내국인에게 도박이 허용된 곳은 강원랜드뿐인데, 개장 4년 만에 고객 500만 명을 훌쩍 넘겼다. 아마 법으로 이런 규제를 풀어 놓았더라면 난리가 났을 것이다. 다른 나라에서도 도박산업은 성장 산업으로 정평이 나 있다. 그러나 미국이나 마카오 등 도박의 메카로 불리는 곳은 순수도박만으로는 채산성을 맞출 수 없어서 휴양 산업인 쇼핑몰, 가족형 테마파크 등과 기타 고급문화 향유 사업으로 적자를 메우고 있다.

그러나 한국은 오로지 도박 자체에서만 승부를 걸어도 이익을 낼 수 있다. 2005년 국가공인 도박 시장이 약 14조 원으로 2000년에 비해 2.5배 증가한 것으로 나타났다. 강원랜드 카지노를 비롯해서 경마, 경륜, 경정은 물론 복권시장까지 모두가 우연에 운수를 거는 감성적인 모험 산업들이다. 지금 한국에는 사행성 오락게임 업소만 1만 4천 개가 넘는다. 하지만 파친코의 왕국 일본은 1만 5천여 개에 불과하다.

또 도박중독증에 걸린 사람이 300만 명(2005)으로 성인 인구의 9.3%에 달하고 있으며 이로 인한 사회적 비용만도 8조 원이 넘는다. 도박천국 미국의 병적 도박중독 환자가 3%에 불과한 것을 보면 한국은 예사롭지가 않다. 이는 한국인의 집단 열정과 모험적 기질이 제 길을 찾지 못한 데서 나온 부작용들이다. 어쨌든 이런 무서운 '끼리끼리' 기질의 모험정신은 보이지 않는 나라의 잠재력이라고 할 수 있다.

09 섞고, 비비고

한국의 '섞고, 비비고' 성향은 역사 이래 멈춘 적이 거의 없다. 외래문화를 전통문화에 용해시키면서 한국적인 독창문화도 살려낸 21세기적 기질이다.

클린턴 전 미국 대통령은 한국 방문 때마다 비빔밥을 즐겨 찾는다고 알려졌다. 그는 외국인을 위한 싱거운 비빔밥 대신, 매운 김치와 고추장을 듬뿍 넣어 '가장 한국인답게' 비벼 먹었다고 한다.

어느새 비빔밥은 한국 항공사 기내식 중 가장 인기 있는 메뉴가 되어 외국인 승객의 사랑을 받기에 이르렀다. 수백 년 역사를 지닌 비빔밥이 왜 이제 와서 외국인의 관심을 끌게 된 것일까.

비빔밥은 다양한 음식 재료를 섞어 먹는 음식이다. 밥과 반찬을 한 그릇에서 수용할 뿐만 아니라 온갖 양념이 곁들여지면서 새로운 맛을 낸다. 또한 비비는 사람의 능력에 따라 멋과 맛이 다양해질 수 있다.

비빔밥이 근래 들어 새삼스럽게 관심을 끌게 된 것은 현대 사회의 새로운 추세인 네트워크사회의 생리를 닮은 퓨전음식의 성격을 띠기 때문인

듯싶다. 여하튼 현대 사회는 디지털시대가 열리면서 무수한 정보나 장르 간의 접목, 혼합과 융합이 일상사처럼 일어나고 있다.

이와 같이 세계화 추세가 되고 있는 5감의 '섞어 문화' 현상은 우리 한국인의 기질과 잘 들어맞는 환상의 짝꿍이다. 과거에는 이런 접목 기질이 빛을 본 적은 있어도, 사회 전반에서 주목을 받지는 못했다.

고려청자만 해도 중국 청자의 영향을 무턱대고 받아들이지 않았다. 선조들은 도자기 전통을 계승하면서 특유의 창의성을 발휘해 융합의 묘미를 살렸기 때문에 성공을 거둘 수 있었다. 그리고 20세기 후반부터는 IT기술이 발전하면서 여러 정보기술과 기기들의 화려한 접목이 한국에서 대유행을 하게 되었다.

올인원(All in One), 퓨전(Fusion), 원스톱서비스(One Stop Service), 원소스 멀티유즈(One Source Multi Use), 원스톱 쇼핑, 크로스오버 음악 등은 한국 사회에서도 낯설지 않은 융합과 접목을 나타내는 용어들이다. 흩어져 있는 다양한 기능들을 하나의 체제로 융합시키는 유비쿼터스 체제도 한국에서 큰 인기를 끌고 있다. 이런 성향은 금융·교육·교통·물류·치안·환경·방재·디자인·예술 등을 하나로 통합시켜 나가고 있다.

이제까지 폐쇄적 분업의 길을 걸어온 예술 분야까지도 포스트모더니즘, 팝아트, 해프닝, 포토리얼리즘 등등의 이름으로 왕성하게 접목 작업이 진행되고 있다. 동서의 음악이 융합되고, 음악과 미술 등 장르의 벽이 빠른 속도로 무너지고 있다. TV화상과 전자통신 기술을 접목시켜 살아 움직이는 동적 예술 세계를 연 비디오 아트(Video Art), 레이저 아트(Laser Art)라는 새로운 장르의 선구자가 한국인이라는 사실은 우연이 아니다. 한국인의 비빔밥 문화는 이런 현란한 문화접목을 수용하고 적용하는 데 안성맞춤이다.

비디오 아티스트 백남준은 자신의 예술세계를 비빔밥으로 묘사했다.

"내가 뭐 거창한 예술을 하는 게 아닙니다. 어릴 때 먹던 비빔밥처럼 마구 섞어 놓은 것일 뿐이지."

상상력이 풍부하고 감성적 기질이 왕성한 사람은 시간과 공간, 사물 간, 장르 간 장벽을 뿌리치고 자유롭게 접목하기를 즐긴다.

이렇게 한국인은 체질적으로 접목과 융합에 익숙한 민족이다. 한국의 '섞고, 비비고' 성향은 역사 이래 멈춘 적이 거의 없다. 외래문화를 전통문화에 용해시키면서 한국적인 독창문화로 살려낸 21세기적 기질이다.

10 물 만난 한국인의 성급한 기질

한국인의 신속한 동조성과 적응력, 민감한 감성 기질들은 모두 주변 환경의 변화를 주시하고, 민첩하게 대응해 오면서 생존본능으로 익혀진 특성이다. 지금이야말로 한국인의 속도감이 우리가 일찍이 만날 수 없었던 벅찬 한국의 시대를 맞이하게 할 것이다.

"1980년대는 질의 시대요, 1990년대가 리엔지니어링(Reengineering)의 시대였다면 2000년대는 속도의 시대가 될 것이다."

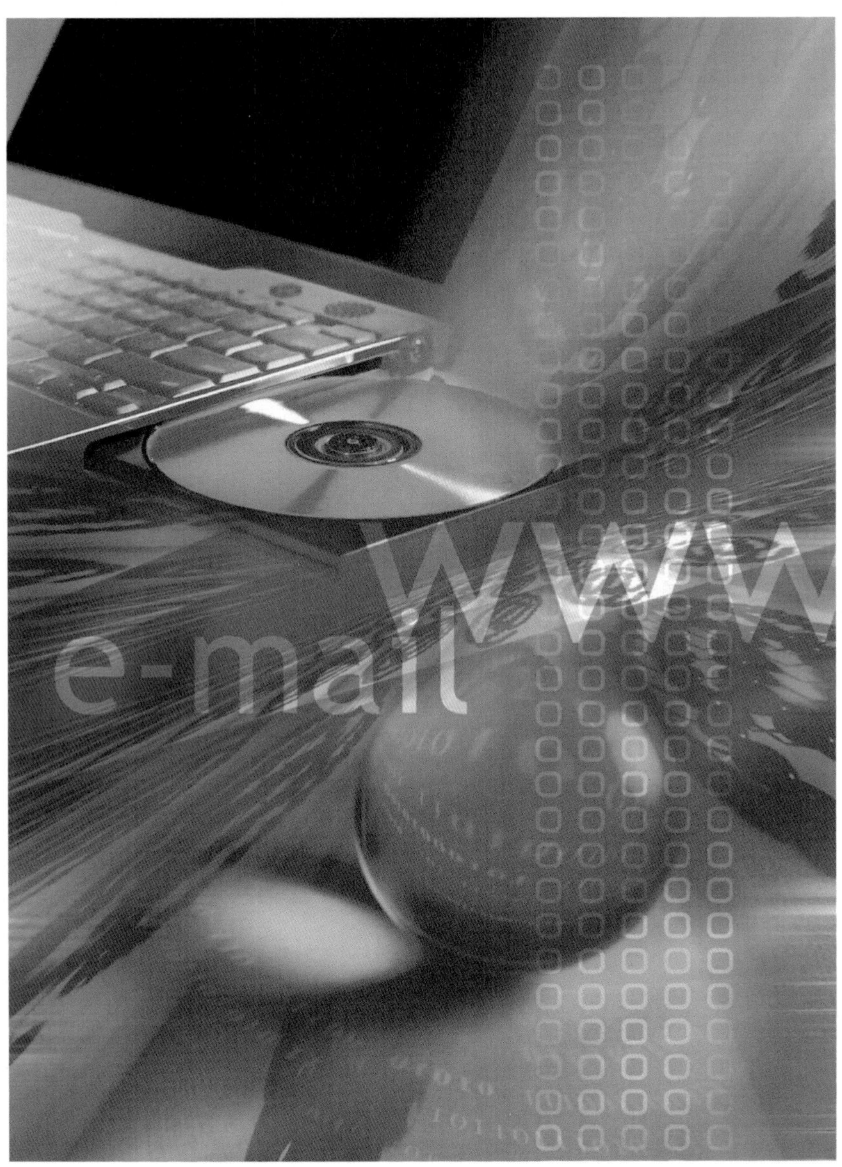

www
e-mail

빌 게이츠의 책 『생각의 속도』에 나오는 말이다.

현대 사회에서는 어느 기업도 속도시대에 걸맞은 빠른 판단 · 빠른 행동 · 빠른 변신 · 빠른 적응 없이는 살아남기 힘들어졌다. 기술 혁신주기가 빨라지면서 시장 반응이나 수요자 의식이 변덕스러워지고 제품이나 유행주기도 빨라지고 있는 것이 오늘날의 추세이다.

1865년 미국의 링컨 대통령이 저격당했을 때, 그 사망 소식이 런던에 도달하는 데는 12일이 걸렸다. 그로부터 100여 년이 지난 1963년에 케네디 대통령의 사망 소식이 런던에 도달하는 데 걸린 시간은 4시간으로 단축되었다. 다시 30년쯤 지난 1995년 서울 성수대교 참사소식이 세계 각지로 전달되는 데는 45분도 채 안 걸렸나. 린던 시민이 한국 시민보다 먼저 이 소식을 접한 경우도 많았다.

시간 단축은 초고속 정보통신망이 세계 각지로 거미줄처럼 퍼져 있기 때문에 가능하다. 사무실과 공장은 물론, 인간의 모든 생활 속에 정보통신 수단이 필수 이기(利器)로 자리 잡게 된 결과이다.

이러한 변화는 한국에서 더욱 진가를 발휘하고 있다. PC가 세상에 나온 지 10여 년 만에 처리속도는 50배나 빨라졌다. 그 안에 내장된 칩의 저장량은 1천 배나 늘어났다. 기존 전화망의 느린 속도는 광케이블로 된 초고속망이 들어서면서 불과 10여 년 만에 2천 배 이상으로 빨라졌다. 이런 추세에 맞추어 인간의 생활 이기에는 고속팩스 · 고속프린터 · 고속복사기 등 속도제품들이 쏟아져 나오고, 매년 그 속도는 빨라지고 있다.

과거 전기장치의 발명은 100년이 지나서야 대중화가 가능했다. 그러나 라디오는 발명된 지 38년 만에 5천만 대 이상이 보급되었다. TV는 발명된

지 13년 만에 5천만 대를 거뜬히 넘겼다.

인터넷의 등장은 온 세상을 더욱 요동치게 만들었다. 인터넷은 첫선을 보인 지 불과 4년 만에 5천만 명이 쓰기 시작했고, 다시 1년 만에 또 5천만 명이 더 불어났다. 인터넷의 전송 속도 역시 10여 년 만에 1천 배 이상 빨라질 만큼 기술 혁신이 눈부시게 진행되고 있다. 그러한 속도 변화를 주도하는 중심 세력 중의 하나로 한국이 올라서 있다. 한국의 인터넷 인구는 1995년에 36만 명이던 것이 지금은 4천만 명을 거뜬히 넘겼다. 10여 년 만에 100배를 뛰어넘은 것이다.

유통환경에서도 속도 경쟁은 치열하다. 텔레뱅킹 · 홈뱅킹 · 인터넷뱅킹에다 교통카드 · 전자화폐 등이 생활 속으로 파고든 지는 한참이 되었다. 그중에서도 전자상거래는 기존의 물류망을 뿌리째 흔들어 놓고 있다. 세계의 모든 생산자와 소비자에게 직거래의 길을 터놓았으며 그 성장 속도는 매년 100%를 훌쩍 넘기고 있다. 물류 수단도 운송속도가 덩달아 빨라지고, 고속비행기 · 고속전철 · 고속버스 · 고속여객선 등이 등장하면서 지구촌 교류속도도 눈부시게 빨라졌다.

생산 부문에서도 속도 경영은 경쟁력을 높이는 중요한 방법이 되고 있다. 미국을 비롯한 선진국에서는 산업공동화 현상을 속도경영으로 극복하려는 움직임마저 일어나고 있다. 영국의 자존심이던 '브리태니커 백과사전'이나 '롤스로이스' 자동차가 미국과 독일에 팔려갈 수밖에 없었던 것은 모두 속도를 따라가지 못했기 때문이다.

앨빈 토플러는 이런 현상을 들어 "지금은 광속경제시대에 돌입했으며 앞으로 권력은 느린 자로부터 빠른 자에게로 이동할 것"이라고 예언했다.

이처럼 숨차게 달려가는 세계 경제에서 앞으로 국가 간 힘의 균형은 속도의 세계에서 누가 더 빨리 적응하느냐로 결판이 날 것이다. 하늘의 축복이랄까. 우리 한국인의 타고난 성급한 기질은 이미 고대사회부터 잠재해 있었다. 한국인의 신속한 동조성과 적응력, 민감한 감성 기질들은 모두 주변 환경의 변화를 주시하고, 민첩하게 대응해 오면서 생존본능으로 익혀진 특성이다. 지금이야말로 한국인의 속도감이 우리가 일찍이 만날 수 없었던 벅찬 한국의 시대를 맞이하게 할 것이다. 새로운 한국의 시대는 바로 당신이 이루는 것이다.

11 빨리빨리, 한국인의 속도 정신

남을 따라 하는 동조정신과 남의 행동거지에 민감하게 반응하는 관여의식은 모두 급변하는 주변 환경에서 낙오되지 않으려는 민첩한 대응태세에서 익혀진 특성들이다.

외국 인터넷포털사이트에서 'ppalli ppalli'를 검색하면 이 낯선 용어에 대한 설명이 나타난다. 이미 몇 년 전에 영국 옥스퍼드 사전에도 올라간 단어로, 이는 한국인들이 입에 달고 사는 '빨리 빨리'를 옮긴 말이다. 언제부터인가 한국인의 유별나게 급한 성격이 세계인의 관심을 끌고 있다. 외국인들도 서울 거리의 군중 사이에 끼어들면 자신도 모르게 걸음이 빨라진다고 하고, 어떤 때는 살벌한 기운마저 느껴진다고 한다.

한국 축구 국가대표팀을 맡았던 아드보카트 감독도 이런 말을 했다.

"한국말 중 '빨리 빨리'란 단어는 내가 특히 좋아하는 말이다. 한국 젊은이들은 활기가 넘치고 나라는 역동적이다."

한국인은 어디서나 매사에 성급한 성질을 숨기지 못한다. 한국인의 급한 성질은 선천적으로 타고났다는 설과 산업화 과정에서 습관화된 것이라는 주장으로 갈라진다.

어떤 이는 지난 몇십 년 동안의 군사문화와 고도경제 성장과정에서 굳어진 새로운 기질이라고 주장한다. 공격적인 군사문화가 민간사회에 집단적 속도감을 불어넣었다는 가정이 틀린 말은 아닐 것이다.

뒤처진 근대화를 제 궤도에 올려놓기 위해 산업화를 서두르다 보니 급한 성질을 부추겼을 가능성이 높다. 경부고속도로 건설을 비롯하여 각종 산업 현장에는 조기달성, 초과달성이란 구호가 늘 따라다녔다. 몇 차례에 걸친 경제개발 5개년 계획이란 것도 사실은 관·민·산업체의 분발심을 끌어올려 목표 사업의 조기달성에 초점을 모았다는 것도 사실이다.

하지만 한국인의 성급한 기질은 이미 고대사회 때부터 체질화되어 있었다. 남다른 입지조건과 순탄치 않은 역사를 보더라도 충분히 짐작할 수 있다. 남을 따라 하는 동조정신과 남의 행동거지에 민감하게 반응하는 관여의식은 모두 급변하는 주변 환경에서 낙오되지 않으려는 민첩한 대응태세에서 익혀진 특성들이다. 이는 수천 년 전부터 한국인의 기질 속에 침잠되어 있는 생존본능이라고 볼 수 있다.

그러나 이런 속도 정신이 집단적 국민 기질로 드러나게 된 것은 국가 주도의 경제개발정책에서 비롯되었다고 할 수 있다. 당시 한국은 심각한 안

보위협과 극심한 빈곤으로 허덕이고 있었다. 남보다 늦게 산업화에 뛰어든 데다 돈도 경험도 부족한 한국이 국제시장에서 경쟁력을 가지려면 속도 외에는 길이 없었다. 이것이 부족한 자본의 회전율을 높이고, 치열한 국제시장에서 선진국과의 격차를 좁힐 수 있는 유일한 수단일 수밖에 없었다.

이러한 속도감이 한국의 전 산업과 생활관습으로까지 확장되면서, 세계에서 가장 빠른 경제성장의 엔진이 된 것이다. IT산업은 그중에서도 가장 빠른 성장의 발판을 다졌다. PC를 비롯하여 자동차·휴대전화·TV·에어컨·냉장고 등 한국의 가전제품들이 국제시장에서 경쟁력을 가지게 된 것은, 먼저 내수시장에서 거의 매헤 신제품 출시가 이어져야만 살 수밖에 없는 환경 때문이었다. 이는 한국 소비자들의 요란스러운 호기심과 급한 성격이 국내 시장에서의 구매량을 늘려주었기 때문에 가능한 일이었다.

전자상거래 시장을 보더라도 한국의 발전 속도는 선진국을 능가하고 있다. 홈쇼핑 거래액만 봐도 1996년에 335억 원에 불과하던 것이, 2004년에는 4조 2015억 원으로 8년 만에 100배나 늘어났다. 선진국에 비해 절대 열세인 기업환경에서 한국이 이런 정도의 성장속도를 내고 있는 것은 경이로운 일이 아니다.

그러나 속도산업에도 문제점은 있게 마련이다. 정신없이 달리다 보면 미처 보지 못한 함정들을 지나칠 가능성이 매우 높다. 아더블로크의 '머피의 법칙'에 이런 말이 있다.

'가장 빠른 지름길은 가장 가파른 오르막길이다(험프리자전거 법칙).'

우리나라 속담에도 '급성급패(急成急敗)' '급할수록 돌아가라' 같은 경구가 널리 회자되고 있다. 이는 한국인의 급한 기질을 부정적 시각으로 매도하는 것이 아니다. 그보다는 시행착오의 위험을 일깨워 주는 지혜로 보아야 한다.

12 전천후 속도 문화
한국인의 신경계가 빠른 진화를 하고 있기 때문인지 요새 신세대의 언어 속도도 점점 빨라지고 있다.

한국 사회의 역동성은 속도 문화에서 비롯되었다 해도 과언이 아니다. 한국인은 사소한 생활에서도 급한 성질을 드러낸다. 사회체제가 수요자 중심사회로 바뀌면서 이런 특성은 산업현장에서도 유감없이 나타나고 있다.

음식문화를 보아도 한국은 라면, 햄버거 등 속성 인스턴트 식품시장이 무섭게 성장하는 곳이다. 주택가에 늘어선 음식점도 이제는 앉아서 손님을 기다리는 영업방식을 바꾸어, 가정배달이라는 적극적 방식을 택하기 시작했다. 물론 이 사업의 성패는 누가 빨리 배달하느냐에 달려 있다. 편의점 사업도 이 땅에 도입된 지 15년 만에 300배의 매출 신장을 기록했다. 특히 속달 서비스 사업이 한국만큼 다채롭게 번창한 곳이 없다. 소위 '오토바이 부대'로 통칭되는 퀵서비스나 심부름센터의 배달서비스는 전국 어디든 안 닿는 곳이 없다. 이들의 곡예와 같은 운전 솜씨는 대도시의 교통체증도 전혀 문제가 되지 않는다.

심지어 농어촌의 전통적 풍속까지도 바꾸어 놓고 있다. 이제는 논밭에

서 새참을 이고 가는 아낙네의 서정적 모습 대신, 자장면을 실어 나르는 모터사이클의 날랜 모습이 익숙해졌다. 요새는 대기업으로까지 이런 풍속이 번지는 역전현상까지 나타나고 있다. 우편 사업에서도 '빠른 우편'을 내놓아 히트를 치고 있다.

규모면에서 보면 세계적 항공사 중 중견 수준에 불과한 대한항공은 2004년부터 연속 2년 간 항공화물 수송량에서 세계 1위를 차지했다. 선진국의 거대 항공사를 제치고 1등이 된 비결은 오직 하나, 속도전에서 이겼기 때문이다. '국경을 초월한 세계일주'란 캐치프레이즈를 내걸고, 무인관리시스템을 도입하여 세계 어디서나 화물기가 들어오면 6시간 이내에 급유와 화물적재까지 끝내도록 했다. 속도 경쟁에서 놀라운 순발력과 탄탄한 신용을 쌓아온 것이 주효한 것이다.

까다롭기로 소문난 유럽 시장에서 한국의 가전제품이 인기상품이 된 배경도 '빨리빨리'의 힘이다. 어느 경쟁제품보다 월등히 빠른 사후관리(AS) 체제로 소비자 만족도를 높여준 것이 큰 몫을 한 것으로 평가된다.

독일의 세계적 물류업체 DHL 한국법인의 앨런 캐슬스 사장도 한국인의 속도 정신이 앞으로 한국의 경쟁력 향상에 큰 영향을 줄 것으로 진단하고 있다.

"한국인은 세계 어느 나라 사람보다 빠른 것을 좋아한다. 오전에 가구를 주문하면 오후에 배달되기를 원한다. 동북아 물류 시장은 향후 10년간 4배 이상 성장할 것으로 예상된다. 이때 중국과 일본 사이에 위치한 한국은 매우 중요한 역할을 할 것으로 본다."

개봉 13일 만에 400만 관객을 돌파한 영화 〈타짜〉의 최동훈 감독은 이런 말을 했다.

"내 영화의 생명은 빠른 템포에 있다. 느린 영화는 정말 싫다."

그의 말처럼 〈타짜〉는 총 2,600컷으로 되어 있다. 보통 한국영화 한 편의 컷 수가 1,200컷 정도인 데 비해 두 배 이상 많은 양이다. 화면 구성을 빠르게 처리함으로써 성질 급한 관객을 사로잡은 것이다.

또 속도 문화는 사무실 풍경도 바꾸고 있다. 경쟁력 있는 대기업들을 보면 뚜렷한 공통점이 있다. 신속한 의사결정을 위해서 결제 라인을 단순화시키고, 계층도 축소 일로에 있다. 회의 문화도 시간절약을 위해 '서서 하는 회의(Stand meeting)'가 늘고 있다.

그러다보니 한국인의 언어생활에도 속도 문화가 정착되어 가고 있다. 앨빈 토플러가 말한 것처럼 한국인의 신경계가 빠른 진화를 하고 있기 때문인지 요새 신세대의 언어 속도도 점점 빨라지고 있다. 신세대가 열광하는 록(Rock)·랩(Rap)·힙합(Hiphop)·재즈·브레이크댄스 등은 모두 빠른 음악과 춤으로 된 것이다. 이처럼 한국인의 행동양식이 빨라지고 있는 것은 특정계층에서만 나타나고 있는 일시적 현상이 아니다.

이미 이들을 둘러싼 정부, 기업, 사회를 이끌어 가는 주류층의 생활 속에서도 속도 문화가 자리 잡고 있다. 우리는 아직 갈 길이 바쁜 나라라는 인식 때문이다.

13 날렵한 손재주

한국인의 날렵한 손재주와 여기서 영향받은 순발력 있는 뇌 기능이 유전적 진화에도 크게 기여했음이 분명하다.

미국의 다큐멘터리 전문채널인 '내셔널 지오그래픽'은 한국인 프로게이머에 대한 특집을 내보냈다. 이 프로그램의 주제는 국제게임 경연대회에서 '한국의 프로게이머들이 왜 상위권을 휩쓸고 있는가' 였다. 그중에서 1등을 한 서지훈의 게임 운영능력을 집중해서 다루었는데, 그의 손가락은 온라인 게임 도중 1분 동안 370번이나 키보드를 두드린다. 세계 프로게이머들이 평균 90~100번 정도를 두드리는 속도의 4배 정도의 수치이다. 이는 서지훈의 뇌에서 의사결정과 본능을 담당하는 부분의 활동이 남보다 월등히 활발한 것을 의미한다. 결론은 "한국 프로게이머들은 뇌부터 다르다"였다.

세계적인 온라인 게임인 '스타크래프트'는 미국에서 만들어졌다. 그러나 이 게임이 세계 시장을 주름잡게 된 것은 한국에서의 성공 때문이었다. 이 게임의 승부는 전체 판세를 한눈에 읽는 종합적 두뇌회전 능력과 재빠른 손놀림에서 결정된다. 그런데 이 게임을 직업으로 하는 프로게이머가 처음 생겨난 곳이 한국이고, 프로게임 세계 대회가 가장 성황리에 열리는 곳도 한국이다. 한국인에게는 이러한 섬세하고 날렵한 손놀림이 그리 특별한 재능이 아니다. 인간의 손동작을 과학적으로 측정하는 기준과 방법이 있다면, 아마 한국에서 수많은 서지훈을 쉽게 찾아낼 수 있을 것이다.

그렇다면 이러한 한국인의 뛰어난 손기술은 어디에서 나온 것일까. 그 해답을 한국 전통적인 '젓가락' 기술에서 찾는 사람이 많다. 한국인이 즐겨 사용하는 쇠나 은으로 만든 젓가락은 가늘고 미끄러워서 조작에 익숙해지려면 오랜 훈련이 필요하다. 같은 젓가락 사용국인 중국이나 일본의 것은 굵고 투박한 나무젓가락이 일반적이다. 한국의 젓가락보다 사용하기가 훨씬 쉽다. 젓가락을 사용하면 사람 몸에 있는 64개의 근육과 30여 개의 관절이 동시에 움직인다. 당연히 대뇌 활동에 좋은 영향을 주게 되어, 치매 예방에도 효과가 있다고 한다.

실제로 한국인의 섬세한 손기술은 여러 분야에서 뛰어난 재능을 보이고 있다. 정교한 수술이 요구되는 의료 분야에서 한국 의사들의 시술 능력은 국제적으로도 정평이 나 있다. 불임, 디스크 내시경, 간 이식, 심장 수술, 망막정맥폐쇄증 등에 대한 외과 수술에서 한국 의료기술은 세계 일류 수준에 와 있다.

산업기술 전반에서도 한국인의 손재주는 원천기술 부족을 메워 주는 구실을 톡톡히 하고 있다. 반도체, 전자통신 기술을 비롯하여 조선, 생명공학, 건설 산업은 물론이고 용접·도장·가구·귀금속·공예·제과·이용과 미용·웹디자인 등에서 막강한 능력을 나타내고 있다.

손재주 하나로 우열을 가리는 '기능올림픽'에서 한국이 역대 최다승국의 지위를 누리고 있는 것은 우연이 아니다. 세계 양궁대회를 석권하고 있는 것도 몸에 밴 정교한 손기술이 만들어낸 결실이다. 또 세계 양계업계에서도 한국인 병아리 감별사를 최고로 친다. 현재 세계 각국에서 활동하고 있는 병아리 감별사의 60%가 한국인이다. 병아리 감별은 감별사의 손재주 하나만으로 결정된다. 이 방법을 처음 발견한 나라는 일본이지만 감별기술의 정확도나 속도는 한국인이 세계 최고다.

또 한국에는 휴대전화로 문자메시지를 보내는 '엄지족'들이 많다. 휴대전화로 문자메시지를 보내려면 섬세하고 재빠른 손가락 기술이 필요하다. 한국에서는 휴대전화 문자서비스가 시작된 지 7년 만인 2005년 6월, 문자메시지 발신 건수가 음성통화 발신 건수를 추월했다.

이로 보아 한국인의 날렵한 손재주와 여기서 영향받은 순발력 있는 뇌기능이 유전적 진화에도 크게 기여했음이 분명하다.

14 뛰어난 순발력과 창의적 영감

한국인은 정치 · 경제 · 사회 · 문화 · 교육 등 어느 한 곳도 이만하면 괜찮아졌다고 만족하지 않는다. 매일 새 틀을 짜고 부수는 과정이 되풀이되고, 갈등과 변화가 멈출 날이 없다.

창의력이란 개인의 재능 위에 호기심이 더해질 때 솟아난다. 창의적 잠재력도 사회 구성원들이 자발적으로 몰두할 수 있는 일들이 있고, 주변의 문화 환경이 함께 어울릴 때 쌓이게 된다.

"문명이 완성된 형태를 가지면 그 다음에는 정치, 예술, 종교 등에서 창조적 전진력은 정지된다."

서구 사회의 몰락을 예언한 슈펭글러의 말이다.

평범하고 안이한 생활에서는 창의적 동기 유발이나 드라마틱한 삶을 기대할 수 없다. 그러나 격심한 고통과 좌절 속에서 몸부림치는 사람들은 사정이 다르다. 이들에게는 절박한 현실을 극복하려는 생존 의식과 미지의 세계에 대한 강렬한 욕구로 속도가 붙을 수밖에 없다.

조선시대의 유배(流配)제도는 별난 문화를 만들어냈다. 귀양살이의 대상은 상류층에다 창조정신이 강한 지식인들이 많았다. 죄를 졌다는 점에서는 일반 범죄와 다를 게 없지만, 귀양살이라는 형식은 지금의 행형 제도와는 크게 다르다. 집단 수용이 아닌 개별적으로 외딴 섬이나 심산유곡으로 격리시켜 자숙의 기회를 준다는 점에서 큰 차이가 있다.

유배된 선비에게 어느 한 지역을 정해주면 그 제한된 지역 안에서 창작과 신체의 자유가 용인되었다. 이때 유배자는 여유 시간을 연구나 사색, 주민 교육 등 지적 활동으로 보내는 경우가 대부분이었다. 죄인의 신분이므로 방탕하거나 나태한 생활에 빠져들 수 없기 때문이기도 했다.

송강 정철의 속미인곡, 사미인곡 등 한국 가사문학의 백미들은 거의 유배 중에 탄생했다. 원교 이광사는 33년 동안의 유배생활을 통해 '원교체'라는 독창적 서법을 완성했다. 추사 김정희 역시 8년 동안의 제주도 유배 속에서 추사체를 창조해냈다. 다산 정약용의 시서 · 예악 · 정치 · 경제 등 사회 모든 분야를 망라한 뛰어난 역작들도 모두 18년간의 유배생활에서 얻어진 것들이다. 이때 저술한 230여 편의 방대한 연구업적은 지금도 귀중한 지적 유산으로 후학들의 연구 대상이 되고 있다. 김시습에게 단종폐위라는 비극이 없었더라면 『금오신화』라는 한국 최초의 소설이 탄생하지 못했을 것이다.

중국의 명저 『사기열전』은 사마천이 궁형(宮刑)을 받고 난 다음에 쓴 것이다. 손빈 역시 두 다리가 끊기는 체형을 받고 난 다음에 유명한 병서를 남겼다.

서양에서도 잘나가던 정치인 퓰리처는 40세에 맹인이 되는 비운을, 저술활동으로 승화시켜 언론인의 우상으로 거듭나게 되었다. 고대 그리스의 맹인 호머가 뛰어난 상상력으로 일리아드, 오디세이를 탄생시킨 사실도 같은 맥락으로 이해할 수 있다.

우리 한국은 입지 조건이 남다른 까닭에 풍파 가득한 역사를 가질 수밖에 없었다. 그러나 한국인들은 이런 불리한 여건을 헤쳐 가는 과정에서

뛰어난 순발력과 창의적 영감을 기를 수 있었다. 그래서 지금 서양 사회는 장기간 안정기에 머물면서 역동성이 계속 떨어지고 있으나 한국의 분위기는 다르다.

한국인은 정치 · 경제 · 사회 · 문화 · 교육 등 어느 한 곳도 이만하면 괜찮아졌다고 만족하지 않는다. 매일 새 틀을 짜고 부수는 과정이 되풀이되고, 갈등과 변화가 멈출 날이 없다.

기운이 솟구쳐 펄펄 뛰는 사람들을 경직된 울타리에 가둬 놓아 보라. 별별 사건들이 끝도 없이 터져 나올 것이다. 한국이야말로 수많은 기회와 잠재력이 도사리고 있는 활화산 같은 곳이다. 우리 사회를 이끌고 갈 동력은 바로 여기에 있다. 이런 불뚝거리는 거친 힘들을 한데 모아 거대한 용광로 속에서 용해시키면 비약과 기적을 만들어낼 수 있을 것이다.

15 신명 기질

감성적으로 농축된 미묘한 한국인의 잠재력은 21세기를 기해 대하의 물결처럼 흘러나와 우리가 계량하기 힘든 엄청난 문화자산을 만들어낼 것이다.

한국 민족이 다른 민족과 구별되는 가장 개성적인 특성은 '신명'이다. 예부터 한국인은 고난을 역동과 신명으로 승화시켰다. 힘든 삶을 살면서도 가무를 즐겼다. 한국인의 결점이 되어 온 개인주의와 집단 이기주의 성향들이 놀라운 집단의식과 강력한 결집력으로 탈바꿈되는 열쇠도 바로 이 신명이라고 할 수 있다.

한국에는 서양의 블루스, 탱고, 왈츠 같은 정형화된 대중 춤은 없다. 흥이 나면 한국춤이라는 동질성을 유지하면서도 격식에 구애받지 않은 자연 발생적 창작 춤이 어수선하게 펼쳐진다. 그러면서도 여럿이 어울린 춤판은 묘한 조화를 이루어낸다. 규격 속에 가두어 통일시키기보다는, 각자 따로 놀 수 있도록 개방해 놓되 전체와는 균형이 맞추어지는 형국을 이루고 있다. 한국인의 풍류 정신에는 집단적 동질성과 개성적 기질 간의 조화가 바탕에 깔려 있는 것이다.

한국에는 클래식, 록, 힙합, 댄스음악뿐 아니라 판소리, 트로트까지 한마당에서 큰 무리 없이 공존한다. 신명이 나면 고조된 감성적 동질감 속에 모든 감정적 찌꺼기가 다 녹아버린다. 이때에는 금기도 갈등도 원칙도 맥없이 허물어져 하나로 통합된다. 그래서 한국인에게는 기쁨과 분노, 슬픔과 즐거움을 풍류적 신명으로 흡수해, 공유하는 독특한 풍류 문화가 뿌리를 내리게 되었다.

미국 UCLA 대중문화예술연구소 케이건 소장은 한국 문화를 이렇게 평가하고 있다.

"전 세계 문화산업의 중심이 서양에서 동양으로, 특히 할리우드에서 한국으로 이동하고 있다. 21세기 문화콘텐츠 시대를 맞아 문화산업을 주도하던 할리우드가 한국을 중심으로 한 아시아에 그 지위를 넘겨주고 있다. 한국의 응원문화에서 보여 주었듯이 한국과 한국인들은 서구 세계가 경험하지 못한 역동적인 에너지를 문화예술, 스포츠에 쏟아내고 있다."

한국의 새마을 운동이나 경제 기적도 이런 신명 문화와 밀접한 관계가 있을 것이다. 장례 문화에서도 과거에는 장례 행렬, 봉분 다지기 등의 과정마다 구슬픈 노랫가락에 들썩이는 율동이 뒤따랐다. 슬픔과 울음을 감추기보다는, 여기에 곡조를 붙여 대중과 공유하는 문화로 승화시킨 곳이 한국이다.

이런 한국인의 유전적 기질은 지금도 그대로 남아 있다. 감성적으로 농축된 미묘한 한국인의 잠재력은 21세기를 기해 대하의 물결처럼 흘러나와 우리가 계량하기 힘든 엄청난 문화자산을 만들어낼 것이다.

16 재미있는 이야기를 좋아해

한국인은 자신의 것을 씹어 소화시켜 남이 흉내 내기 힘든 개성적인 창작물로 빚어내는 독창성이 있다.

지난 2004년 한국의 드라마 〈겨울연가〉가 일본에서 대성공을 거두자 일본 국영방송 NHK는 설문조사를 했다. 결과에 따르면 일본인 1200만 명을 사로잡은 〈겨울연가〉의 인기 요인은 '재미있는 스토리'로 63%를 차지했다. 다른 아시아 지역에서도 한국 영상물이 큰 인기를 끌고 있는 것은 재미있는 이야기 때문이라고 한다.

국내 전문가들의 진단에 의하면 한국 소프트파워의 경쟁력은 한국인들이 유난스레 재미있는 이야기를 좋아하는 기질 때문이다. 국내 여론기관인 TNS 조사에 의하면 한국 관객의 영화 선택조건으로 재미 49.7%, 작품성 34.1%, 배우 9.2%, 감독 3.6%로 나와 있다. 영화진흥위원회 조사에서도 영화 줄거리 89.4%, 배우 65.1%, 감독 26.8%로 나왔다.

한국인들은 같은 얘기라도 풀어가는 솜씨가 남달라서 듣는 수준도 높은 편이다. 이는 창의력 못잖게 가공능력이 뛰어나다는 뜻이 된다. 그러나 과거 빈곤과 좌절의 세월을 거치는 동안, 또 현란한 서구 문화에 압도당하면서 우리 문화계도 서투른 아류 작품이 들끓는 역기능이 나타났다. 철저한 자기비하가 자초한 결과였다. 그러다가 이제야 서서히 자기 정체성에 눈을 뜨기 시작한 것이다.

한국인은 또한 "영상 속에 버무려내는 영상 서사 능력이 뛰어나다"는 평을 듣기에 이르렀다. 일본의 히트 영화 〈링〉〈주온〉의 리메이크를 주도한 프로듀서 '로이 리'도 한국인의 스토리 전개 능력을 가장 큰 강점으로 꼽고 있다. 그는 '내러티브(서사)와 스토리텔링이 워낙 좋기 때문에 할리우드만큼 돈이 있다면 한국은 할리우드보다 영화를 더 잘 만들 것'이라고 극찬했다.

실제로 한국과 미국의 영화 제작은 시작부터 다르다. 미국은 인기스타 캐스팅이 먼저이고 무슨 영화를 만들 것인가는 그 다음이다. 그러나 한국은 정반대이다. 먼저 시나리오를 만들어 놓은 다음에, 이 작품에는 어떤 배우를 쓸 것인가 고민하는 것을 당연한 순서로 여기고 있다. 최근 들어 한류스타의 인기가 높아지면서, 미국처럼 스타 위주의 제작바람이 불고는 있지만 우려할 수준은 아니다.

또 하나 한국인은 작품의 스토리 전개를 오로지 작가에게만 의존하지 않는다. 한국인은 아무리 역작이라도 먼저 비판적 시선으로 참견해야 직성이 풀리는 참여의식이 강하다. 그래서 한국에서는 드라마 작가 하기가 몹시 힘들다고 한다. 작가의 이야기 전개방식이 마음에 안 든다 싶으면 순식간에 여론의 도마 위에서 곤욕을 치르기 십상이다. 일본이나 미국의 드라마는 사전제작이 원칙이다. 그러나 한국은 제작과 방영을 병행하는 일이 많다.

사실 한국 드라마 제작은 시간과 제작비에 쫓기는 열악한 환경을 특유의 순발력과 속도감으로 극복해 온 것이지만, 이제는 사정이 다르다. 이제는 방영중인 드라마에 대해 방송국이 매회 인터넷으로 시청률 조사를 한다. 시청자의 불만과 요구사항을 그때그때 수렴하여 함께 줄거리를 엮어가는 소비자 참여 제작환경에 익숙해지고 있다. 이 과정에서 주인공을 죽일 수도 있고 살릴 수도 있으며, 비극적 줄거리를 해피엔딩으로 반전시킬 수도 있다.

한국의 시청자나 관객의 변덕에 적응하려면 고도의 순발력과 생명력에 아기자기한 재미까지 두루 갖추어야 한다. 이런 환경이 결국 도전적인 젊은 제작자, 젊은 작가, 젊은 연출가들의 진출을 용이하게 한 계기가 된 셈이다.

"국내에서 인정받고 세계 시장에 나가면 마치 달고 있던 모래주머니를 떼고 달리는 느낌입니다."

국내 시장의 시련을 딛고 해외 진출에 성공한 업체 임원의 말이다.

이어령 교수는 한국인이 앞으로 다가올 디지로그(디지털+아날로그)시대의 주인공이 될 수 있는, 흥미 있는 근거를 제시하고 있다. 그는 글을 통해 나이를 먹는 것에 대해, "같은 동양 문화권인데도 중국 사람들은 나이를 '첨

(添, 더하다)’한다고 하고 일본 사람들은 ‘도루(取, 취하다)’한다고 하는데 유독 우리만이 ‘먹는다’고 한다”고 쓴 적이 있다.

이 말은 곧 한국인은 자신의 것을 씹어 소화시켜 남이 흉내 내기 힘든 개성적인 창작물로 빚어내는 독창성이 있다는 것을 의미한다.

제4장

변화와 한국의 기회

Real Corea
IN THE WORLD

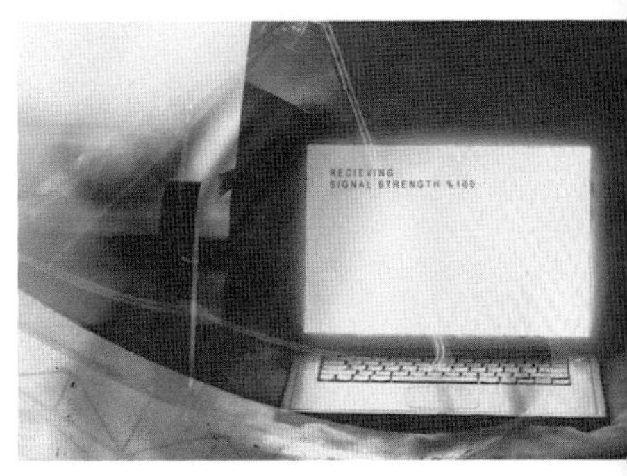

세계의 한복판으로
나아가기 위한 비전을 확립한 나라이다.
잘 살아온 어제의 삶이 오늘의 기적을 이루었듯이,
지구촌 중심에 우뚝 설 한국의 내일은 즐겁게 사는
오늘이 만든다. 당신의 새로운
도전과 함께 말이다.

인간이란 체질적으로 변화나 투쟁보다는 안정이나 평화를 좋아한다. 자신의 삶이 안전지대 안에 있기를 원하는 것이다. 우리 인류에게 원시시대 맹수에게 쫓기던 두려움이 본능의 어딘가에 남아 있는 것인지, 두려움 없는 삶을 살고자 하는 열망을 갖고 있다.

현대의 삶에서 맹수의 추적은 '돈'에 쫓기는 것으로 대체되었다. 삶의 안전지대를 찾아 한국은 열정적으로 부(富)를 추구해 기적으로까지 평가되는 경제발전을 이루었다. 그런 과정에서 한국인은 본능적으로 내재된 메타포 프로그램을 가동하여 스스로를 한 차원 높게 진화시켰다.

한국인은 진화된 감각으로 한국의 경제성장 한계를 빠르게 인식했다. 다행히도 산업화의 뒤를 잇는 정보화 물결이 일자, 한국은 그 제3의 물결을 적극적으로 받아들였다. 산업화의 한계에서 오는 위기의식을 극복하기 위해 남을 뒤쫓기보다는 한 단계 건너뛴 것이다. 아직 그 누구도 터를 잡지 않은 신개척지에서 탈출구를 찾은 것이다. 한국인은 새로운 도전에 대한 확신을 하게 되었고, 그것이 신개척지인 IT산업에 모험적으로 뛰어들게 된 동기가 되었다. 그리하여 산업화에서 뒤진 걸음을 정보화에서만은 꼭 따라잡겠다는 한국인의 열망이 한데 모여 정보선진국의 자리를 차지하게 되었다.

정상의 자리에는 항상 매너리즘이 따라오기 마련이다. 어느새 우리나라 정보산업도 특유의 역동성을 잃어가고 있다. 이제 어느 정도 안정 단계에 들어선 것이다. 하지만 후발국의 추적으로 안전지대가 흔들릴 위험에 처해 있다. 지금은 '혁명의 시대'라고 일컬어지는 새로운 시대로, 수십 년에 걸쳐 일어났던 변화가 지금은 1년도 채 안 되어 이루어진다.

지구촌에 사는 우리 모두가 하나라는 사실은 환경문제를 통해서도 느낄 수 있다. 또한 상호성(Interactive)을 기반으로 한 소셜미디어의 출현은 힘의 소재에 대한 생각을 바꾸게 한다. 시장은 극세분화되고 있고, 공간에 대한 개념, 시간에 대한 개념을 바꾸기를 요구한다. 이런 변화는 '안전지대'를 빼앗길 것 같은 위기감을 조성한다.

우리가 안전지대를 좋아하는 것은 익숙해 있어서 무슨 일이 일어날 것인지 너무나 잘 알기 때문이다. 인간은 안전지대를 통해서 우리가 바라는 것을 얻을 수 있다고 생각한다. 그러나 안전지대는 편안함과는 거리가 멀다. 그저 익숙함일 뿐이다.

한국은 이제 안전함만을 추구하는 국가가 아니다. 세계의 한복판으로 나아가기 위한 비전을 확립한 나라이다. 잘 살아온 어제의 삶이 오늘의 기적을 이루었듯이, 지구촌 중심에 우뚝 설 한국의 내일은 즐겁게 사는 오늘이 만든다. 당신의 새로운 도전과 함께 말이다.

01 '헤쳐 모여' 시대

우리 한국은 다른 나라보다 일찍 정보화에 눈을 뜬 여세를 몰아, 다시 세계화라는 거대한 물결에서도 또 한 번 비약의 기회를 잡을 수 있을 것이다.

"지금은 지식이 부의 새로운 근거가 되었다. 오늘날까지 자본가들은 자신들의 부에 대해 말할 때면 으레 공장과 설비, 자연자원의 소유에 대한 것이 대부분이었다. 그러나 미래의 자본가들은 대부분이 무형자본인 지식의 장악에 대해 이야기하게 될 것이다."

미국의 클린턴 대통령 시절에 경제자문을 맡았던 레스터 서로우(Lester C. Thurow) 교수의 말이다.

근래 들어 세계는 격동의 소용돌이가 더욱 거세어지며 삶의 방식이나 형태가 새 판으로 다시 짜여지고 있다. 경제학자 자크 아탈리(Jacques Attali)가 말한 대로 지금까지의 세계 질서는 처음에는 종교에, 그 다음에는 군사력에 좌우되었지만 앞으로는 경제력이 세계 질서를 좌우하게 될 것이라는 생각은 너무 상식적인 예측이 되어 버렸다.

'신자유주의' 풍조는 이미 국제 사회 주류로 떠오른 지 오래다. 시장 가치에 해당하는 것들은 모두 자유 시장원리에 맡기자는 주장이다. 그러면 세계 각국은 이해에 따라 자본·기술·산업·사람들의 국제 이동이 자유로워지는 '헤쳐 모여' 시대에 접어들게 된다. 사람들은 마음에 드는 삶의 방식이 있는 곳으로, 뜻을 펼치기 쉬운 곳으로, 또 경제적 문화적 성취도가 높은 곳으로 이동하기 마련이다. 그리고 국민국가 중심의 공동체가 해체되면서 지구촌이 하나의 경제, 하나의 문화공동체로 통합될 수밖에 없다. 이렇게 세계화가 지구촌의 거역하기 힘든 추세로 자리 잡게 된 직접적 계기는 지구촌을 하나로 묶는 통신혁명 때문이다.

정보의 자유유통이 보편화되면서 기존 질서는 새로운 패러다임에 맞추어 큰 변혁을 할 수밖에 없다. 무엇보다 재래시장 못잖게 커져가는 지식시장·기술시장·문화시장의 확산과 그 영향력은 세계 각국을 지적 자산의 보유수준에 따라 빈부차를 벌어지게 한다. 이때 값비싼 지적 재산과 첨단 기술을 확보한 나라는 국제시장에서 막강한 영향력을 행사하면서 고수익, 고임금으로 부익부의 길을 가게 된다. 반대로 지적 재산이 빈약한 나라는 저수익, 저임금으로 빈익빈의 악순환을 면치 못하게 된다. 그러니 '신종속 이론'이 나올 수밖에 없다.

지금 한국은 신구 질서의 전환기에 놓여 있다. 꿈틀대는 새로운 국제질서 체계 속에서 신속하게 좋은 자리를 차지하느냐 하는 것만큼 중요한 것은 없다. 이런 기회를 놓치면 아무리 근면 성실하고, 민족중흥이니 국민화합, 국가 균형발전, 빈부격차 해소 등의 구호를 내걸고 몸부림쳐봐야 헛수고로 그치기 십상이다.

또한 미래를 위해 국제 사회로 눈을 돌리는 것도 시급하다. 어떻게 해야 '헤쳐 모여' 시대에서 우수인재·우수기업들을 놓치지 않고 끌어모을 수 있는 매력적인 국가를 만드느냐가 관건이다. 그러자면 장기적으로 선진국보다 비교우위를 차지할 수 있는 분야를 선정하고, 집중육성해야 한다. 국민적 기질과 궁합이 맞는 산업에서 길을 찾아야 거친 환경이 순화되고, 호응도와 효율성 모두를 높일 수 있다. 이를 통해 경제 체질을 바꾸고 순리에 맞는 제도가 뒷받침되도록 해야 한다. 그리고 국민과 기업의 참여의욕을 높이는 등 강력한 유인요인도 만들어야 한다. 우리 한국은 다른 나라보다 일찍 정보화에 눈을 뜬 여세를 몰아, 다시 세계화라는 거대한 물결에서도 또 한 번 비약의 기회를 잡을 수 있을 것이다.

02 미디어 융합이 대세

먼저 세계 시장을 개척하는 일을 우선으로 하자. 처음부터 후유증을 걱정하는 소극적 자세는 과감히 버리고 말이다.

세계의 미디어 산업계는 지금 융합바람이 급물살을 타고 있다. 신문, 방송 매체의 강자로 군림하며 미디어 황제로 불리는 루퍼트 머독(Rupert Murdoch) 뉴스코퍼레이션 회장이 인터넷에 눈을 돌린 것은 2005년부터이다. 그는 성업 중에 있는 인터넷 매체 '인터믹스 미디어(Intermix Media)'를 580만 달러에 사들였다.

이 사이트는 음악과 채팅, 게임, 생활광고 등으로 젊은이들의 인기가 대단하다. 머독 회장은 하루 평균 1200만 명이 방문하는 이 사이트의 고객을 기반으로 하여 좀 더 튼튼한 매체시장을 굳혀 나가려는 전략에 공을 들이고 있다. 이런 변화는 비교적 보수적이던 전통 매체업계의 판도를 뒤바꾸고 있다.

정보에 민감한 독자들의 관심이 신문에서 TV로 넘어가기 시작한 것은 10여 년 전부터이다. 하지만 요즘은 뉴스 공급원이 TV가 아닌 인터넷으로 바뀌었다. 신문사나 방송사들은 위기의식을 가지고 전통적인 신문 방송을 넘어선, 새로운 매체연합에서 승부를 걸어야 한다고 생각한다. 미국의 뉴욕타임스는 'about.com'이라는 인터넷 사이트를 인수했고, 워싱턴포스트는 'slate.com'을 인수하면서 인터넷포털 사업에 박차를 가하고 있다.

일본의 아사히신문은 20대를 겨냥해 휴대전화와 신문을 접목한 '모바일 아사히'로 100만 명 이상의 유료회원을 확보했다. 소니는 주력사업인 전자제품 판매에 시너지 효과를 얻기 위해서 미국의 메이저급 영화회사인 컬럼비아를 인수했다. 이어, MGM마저 수십억 달러에 사들였다. 'MGM의 인수는 가전사업 집중화 전략의 일환이다. 방송·DVD·인터넷 등 매체가 증가할수록 소프트웨어 자산에 대한 중요성도 커질 것'이라는 것이 소니가 접목사업을 하게 된 배경이다. 컬럼비아와 MGM이 보유한 엄청난 양의 영화, 음악, TV프로그램 등 콘텐츠도 큰 자산이지만 그에 못지않은 또 다른 수확도 기대하고 있다. 이는 숙련된 콘텐츠 제작기술을 확보함으로써 앞으로 거대시장으로 떠오를 문화시장에서 우위를 공고히 다지려는 의도이다.

한국에서도 미디어 융합의 기세가 일본에 비해 크게 뒤진 것은 아니다. 신문·방송·통신·인터넷 분야에서 다양한 짝짓기가 유행처럼 시도되고 있다. 한국에서 신문과 방송의 겸업을 금지하는 등 갖가지 법적 규제가 조금만 느슨했어도 아마 한국에서 세계적 미디어 재벌이 여러 개 탄생했을 것이다.

한국에서 미디어 융합은 휴대전화에서 가장 활발하게 일어나고 있다. 이미 휴대전화에는 기본적인 전화 기능 외에 음악, 사진, 커뮤니티, 홈쇼

핑, 인터넷, 지리정보 시스템, 위성 및 지상파 멀티미디어방송(DMB) 등이 다양하게 접목되어 있다. 지상파 방송에서는 KBS와 인터넷포털 네이버, MBC와 네이트닷컴, SBS와 야후코리아가 제휴를 하고 있는 것도 같은 맥락이다. 방송과 인터넷이 결합된 '인터넷 TV'도, 휴대전화와 인터넷을 결합한 와이브로(WiBro)도 한국의 전략산업으로 세계 수준의 경험과 기술을 다져 가고 있다.

이런 추세는 곧 디지털TV 기능의 고도화에 맞추어 맞춤뉴스, 맞춤정보, TV광고까지 골라볼 수 있는 '맞춤광고'의 시대를 열어갈 것이다.

삼성전자는 2005년 미국 최대의 케이블방송사인 '차터 커뮤니케이션즈'사와 제휴, 홈네트워크 관련 기술의 공동개발과 공동마케팅에 합의했다. 앞으로 엄청난 규모로 늘어날 가정자동화 시장에 대비하여 세계 시장

을 선점하려는 전략이다. 다만 아쉬운 것은 접목 기술과 발상은 세계 최고
인데, 이를 뒷받침해 주어야 할 국가정책과 제도가 따라가지 못하고 있다
는 사실이다.

먼저 세계 시장을 개척하는 일을 우선으로 하자. 처음부터 후유증을 걱
정하는 소극적 자세는 과감히 버리고 말이다. 그래서는 험한 국제 경쟁의
벽을 넘을 수 없기 때문이다. 나라 방향이 개방화와 시장주의 정책을 기본
구도로 한다면 먼저 규제를 풀어야 한다. 100년 전의 실수를 거듭해서는
안 된다. 지속적인 성공의 기회를 마련하기 위한 과감한 결단이 요구되는
때이다.

03 '정보 쓰나미'가 몰려온다

우리의 문화콘텐츠 산업은 세계 최고의 정보통신 환경과 어울려 새로운 비약의 발
판을 마련할 것이다.

디지털정보란 컴퓨터에 저장되고 가공되며, 정보통신망을 통해 언제든
세계 각지로 오갈 수 있는 준비가 되어 있는 정보를 말한다. 여기에는 각
종 뉴스나 학술, 교육정보들도 포함되지만 압도적 비중을 차지하고 있는
것은 문화콘텐츠이다.

문화산업은 시·소설·음악·무용·회화 같은 전통적인 콘텐츠를 위시
하여 출판과 신문, 방송과 광고, 영화와 애니메이션, 비디오, 게임, 음반,
캐릭터와 만화 산업 등을 포함한 넓은 의미로 쓰인다.

우리 정부는 이를 6대 문화산업으로 정하고 개별적인 육성책을 펴고 있다. 요즘은 문화산업이 음식·패션·디자인 등으로까지 넓어지면서 자동차, 전자기기 등 모든 제조 산업으로까지 영역이 확대되어 가고 있다. 따라서 문화산업이 근래 들어 국가 경제를 좌우할 만한 기간산업으로 주목받는 것이다.

그 이유는 우선, 지구촌이 개방되고 문화의 교류속도가 빨라짐에 따라 엄청난 규모의 시장이 형성된 때문이다. 폐쇄사회에서야 자족의 철학이 자리 잡을 수 있겠지만 사회가 구석구석 열려 있으니 사정은 달라진다. 그리고 세계에 흩어져 있는 무수한 문화정보들이 디지털화 되면서, 시공(時空)을 넘어 대량유통이 가능해졌기 때문이다. 거기에 네트워크를 통한 매체혁명이 가열되면서 지구촌 곳곳에서 온갖 정보의 교류를 부채질하고 있다. 그러니 일일이 물건을 보고 살 수 있는 실재(Off-line) 시장보다는 통신망을 통해 전자거래를 할 수 있는 온라인(On-line) 시장이 점점 커질 수밖에 없다. 그래서 현대를 디지털콘텐츠 산업의 시대라고 부른다. 아예 일부 사람들은 콘텐츠란 곧 디지털콘텐츠와 같은 의미로 보는 시각마저 생길 정도가 되었다.

한국소프트웨어진흥원 자료에 의하면 최근 5년여 동안 우리나라 디지털콘텐츠 시장의 연평균 성장률은 34.5%에 달하고 있다. 국내 디지털콘텐츠 산업의 전체매출 규모는 2005년 8조 465억 원에 이르렀다. 2001년의 2조 7천억 원이 4년 만에 약 3배로 늘어난 것이다. 또 디지털콘텐츠 산업의 수지현황도 매년 수출규모가 수입량의 배에 달하고 있어 견실한 흑자 기조를 유지하고 있다.

디지털콘텐츠 산업은 대략 콘텐츠제작 산업, 유통서비스 산업 그리고 지원 산업으로 나뉜다. 그러나 이들 산업이 제 구실을 하려면 갖추어야 할 조건들이 많다. 먼저 소설·시나리오·음악·만화 같은 지적 창작물이 있어야 하고, 다음에는 이를 디지털화하기 위한 우수한 저작도구(Software)가 있어야 한다. 그 다음에는 유·무선으로 된 네트워크가 있어야 하고, PC나 휴대전화 같이 소비자가 직접 보고 느낄 수 있는 장치(Display)가 있어야 한다.

이들 4가지 중에서 지적 창작물을 뺀 3가지가 모두 정보기술에 의해 뒷받침되어야 하는 것들이다. 따라서 앞으로 문화산업의 발전이나 경쟁력은 지적 저작물 못지않게, IT기술 수준에 따라 좌우된다. 그런 점에서 볼 때, 한국은 문화산업 환경이 선진국 못지않게 잘 갖춰져 있는 것이다. 이미 한국은 네트워크나 수신장치 개발능력이 세계 일류급이기 때문이다. 나머지 지적 창작물의 양과 질, 또 우수한 저작도구 개발만 뒤따라 준다면 세계 문화시장을 석권할 수 있다.

'앞으로의 세계에서는 문화산업이 제조업을 대신하게 될 것'이라는 경제학자 갈브레이스(J. Galbraith)의 말처럼 이제는 우리도 문화산업을 한국경제의 핵심축으로 육성할 때가 되었다. 특히 풍류와 창조적 역량이 남다른 한국인의 기질로 보아, 사회 각 분야에 동기유발만 이루어진다면 우리의 문화콘텐츠 산업은 세계 최고의 정보통신 환경과 어울려 새로운 비약의 발판을 마련할 것이다.

04 상호의존 관계가 심화되는 국제 분업화

지구촌 전체를 조망할 수 있는 시각으로 지구촌의 문제를 해결하며 비전을 제시하는 한국이라는 국가 정체성을 가져야 한다.

지금까지 대다수 국가들의 흥망은 주로 외국과의 전쟁 아니면, 나라 안 정치나 경제의 성쇠에서 비롯되었다. 넓은 국토, 풍부한 천연자원에 뛰어난 지도자와 성실하고 부지런한 국민들만 있으면 부강한 나라가 된다고 믿어왔다.

그러나 근래에 와서는 이런 믿음도 바뀔 수밖에 없다. 세계화가 진행되면서 세계체계(世界體系) 이론이라는 것이 본격적으로 고개를 들면서부터이다. 월러스타인(Wallerstein) 등이 주장하고 있는 세계체계 이론에 의하면 세계는 이미 16세기부터 시장무역이 발전하면서 국제 분업화가 시작되었다.

이 논리에 따르면 앞으로의 세계경제는 중심부(Core)와 반주변부(Semi-periphery), 주변부(Periphery)로 국가의 역할이 나뉘면서 새로운 형태의 국제 분업화가 진행된다. 그렇게 되면 중심부 경제는 강대국, 부국 중심으로 이루어지고, 주변부 경제는 약소국 차지가 되며, 반주변부 경제는 어중간한 혼성국가(Hybrid State) 몫이 된다.

그렇게 되면 고도 기술이 경쟁력의 잣대가 되고 있는 현대 지식사회는 끔찍한 변화를 피할 수 없게 된다. 중심부에 있는 부국은 값비싼 첨단기술을 무기로 세계 시장을 장악한 다음, 고이윤·고임금으로 부익부의 길을 가게 된다. 혼성국가는 그 중간치에 있게 되며, 주변국은 힘만 들고 얻는 것은 별로 없는 하청업체 수준에 머물러 저이윤·저임금으로 빈익빈을 면치 못하게 된다.

이때 부국들은 첨단기술과 고급정보를 독점해 부단한 재생산을 통해 오래도록 풍요를 구가하게 된다. 반대로 약소국은 아무리 근면성실하며 민주화, 인권보장, 국민화합 같은 숭고한 구호를 내걸고 몸부림을 쳐봐도 강대국의 그늘 아래서 어렵게 연명하는 초라한 신세로 전락해 버린다. 이런 세계체계 이론은 한 국가의 운명이 그 나라만의 노력보다는 국제적 환경에 따라 좌지우지된다는 신종속이론(新從屬理論)에 직결된다.

달리 말하면 선진국과 후진국을 나누는 기준은 1차적으로는 그 나라의 기술괴 지적 수준, 그 다음은 국제 사회의 신 질서체계 속에서 얼마나 훌륭히 적응하느냐에 따라 결정된다는 것이다. 이제는 어느 나라나 고도의 기술력 외에 문화적 견인력도 함께 갖추고 있어야 국제 사회에서 행세를 하게 되어 있다. 이런 자리는 한번 굳어지면 여간해서는 위상변화를 기대하기 힘들기 때문에 과도기의 기회를 놓쳐서는 안 된다. 뒤늦게 눈을 밝히고 아무리 좋은 정치, 투명한 풍속에 근면한 국민이 넘쳐난다 해도 속수무책이 되어 버린다.

이런 발상은 이미 국제교류가 잦아지고 국가 간에 상호의존 관계가 심화되면서 현실로 드러나고 있다. 나라 안 기업이나 단체, 개인 관계에서도 마찬가지다. 어느새 세계 시장에서는 국제 분업화에 눈뜬 나라들이 선진국으로 올라서느냐, 후진국으로 주저앉느냐는 운명의 분수령에서 목 좋은 자리를 찾느라 혈안이 되어 있다.

이를 위해 각 나라들은 창조적 인력 양성과 세계 국가들과의 끈끈한 공존, 상생 유대관계 강화에 심혈을 기울이고 있다. 이런 것 없이는 양질의 전문 인력 양성, 고급기술 확보, 시장 확대, 해외자본 유치와 문화 공유 등 어느 것 하나 제대로 이루어낼 수가 없기 때문이다. 2008년도에 이미 한국은 외국에 지적 재산 사용대가로 지불한 로열티가 5조 원이 넘었다. 앉은 채로 한국의 돈이 해외로 술술 빠져나간 것이다. 앞으로 우리는 무엇으로 먹고살 것이며 국제 사회에서의 신뢰관계를 어떻게 다져갈 것인가. 지구촌 전체를 조망할 수 있는 시각으로 지구촌의 문제를 해결하며 비전을 제시하는 한국이라는 국가 정체성을 가져야 한다.

비약의 기회란 항상 격동의 과도기를 지혜롭게 넘길 때 생겨난다. 지금 우리는 그 기회를 맞이하고 있다.

05 문화시대로의 전이

지금은 이야기 전쟁 시대이다. 누가 더 많은 이야기 자원을 확보해 이를 재미있게 풀어내느냐가 관건이다. 한국의 선조들은 그 자원을 어느 나라보다 확실하게 축적해 왔다.

21세기가 문화의 시대라는 것은 누구나 인정하고 있다. 문화는 더 이상 정치나 경제의 들러리가 아니다. 미국은 문화콘텐츠 산업을 군수 산업과 함께 미국을 이끄는 2대 산업 중 하나로 지정하여 적극적인 지원을 하고 있다. 이미 미국 미디어콘텐츠 산업의 수출 규모는 연 900억 달러를 넘었다. 이는 자동차, 항공기 등의 수출액을 초과하는 액수이다. 일본 역시 세계 2위의 문화대국답게 게임, 애니메이션, 캐릭터, 만화 분야에서 세계 최고의 경쟁력을 보유하고 있다. 2002년 일본 애니메이션 한 분야의 수출액만 43.5억 달러를 달성했다. 이는 일본의 연간 철강 수출액 11억 달러의 4배에 이르는 수준이다.

우리 국민 대다수도 정신적 갈증을 시원하게 풀어줄 대상을 찾고 있다. 그 대상으로 문화대국 건설이라는 목표는 무척 매력적이다. 이 기류를 국력의 엔진으로 적극적으로 활용하면 국제적 위상 제고는 물론 흩어진 국론을 하나로 모으는 일까지 기대할 수 있는 기회가 될 것이다.

그러한 기회를 만들기 위해서는 전통문화의 뿌리를 다져야 한다. 한국의 전통문화는 세계 어디에 내놓아도 손색이 없다. 사랑, 그리고 자유와 평화가 내재된 보편적 정신을 갖추고 있기 때문이다.

지금은 이야기 전쟁 시대이다. 누가 더 많은 이야기 자원을 확보해 이를 재미있게 풀어내느냐가 관건이다. 한국의 선조들은 그 자원을 어느 나라보다 확실하게 축적해 왔다. 민족문화추진회는 1965년 설립한 이래 사장되다시피 한 방대한 고전의 국역 사업을 주도해 『조선왕조실록』을 완간했다. 이어 2005년에는 한국 역대 위인들의 문집들을 총정리한 『한국문집총간』 350책도 완간했다. 이는 신라 최치원의 『계원필경』에서 한말(韓末)에 이르기까지 총 662명의 문집, 옛 책으로 4,813권 1억 5천만여 자에 이르는 방대한 분량으로 장장 20년이 걸린 작업이었다. 지금은 국내에서 가장 큰 사료랄 수 있는 『승정원일기』를 국역하여 발행하는 작업을 하고 있다. 한국정보문화진흥원이 디지털사회에 대비하여 지식정보자원관리 사업을 소리 없이 해온 것이다. 1999년부터 2007년까지 2억 8천만 건에 이르는 방대한 자료를 DB(Data Base)로 구축, 일반에게도 제공할 수 있게 문을 열어놓았다. 중국정부가 방대한 역서자료 7만 9천여 권을 담을 『사고전서』를 발간하여 콘텐츠 경쟁시대를 대비하고 있는 것으로 보아 매우 고무적인 성과라 하겠다.

콘텐츠 경쟁시대에 문화정책의 방향이 문화선진국을 벤치마킹 한다든가 모방 일변도로 갔다가는 장기적인 경쟁력을 기대할 수 없다. 오히려 문화오염으로 그나마 남아 있는 자생적 문화의 뿌리마저 썩어 버릴 것이다.

먼저 국가 백년대계를 생각한 일관성 있는 문화정책이 수립되어야 한다. 그리고 그 중심에 전통문화가 확고히 자리 잡아야 한다. 전통문화란 오랜 세월 한국 내부에 축적되어진 바로 한국인들과 하나 된 문화이고 한국 정신의 표현이기 때문이다. 그래야만 국민의 참여 욕구가 자극되고, 붐이 조성돼, 문화국민으로서의 지위를 누릴 수 있게 된다. 문화산업은 국가의 전반적 경쟁력을 높이는 유인산업이다. 이로 인해 파생되는 관광산업, 국산제품의 호감 유발, 문화 전문인력 양성풍토에서 국가 이미지 개선까지를 감안하면 국가가 얻는 열매는 엄청나게 된다. 이런 거시적 시각과 확신이 있어야 문화산업이 산다. 벌써 대다수 선진국들은 경쟁적으로 문화산업을 국가전략산업으로 육성하고 있다.

이제 우리는 전통문화의 발굴과 활용이라는 소극적 사업에서 차원을 한 단계 높여, 민족문화의 뿌리를 살찌게 할 적극적인 재현작업에 공을 기울일 때가 되었다. 그것으로 국민적 꿈을 하나로 모아, 한국만의 독특한 문화시대를 풍미할 기회를 만들어야 한다.

06 지식경쟁 시대

앞으로의 사회는 지적 자산의 규모와 수준에 따라 국력이 결정된다. 첨단산업뿐만 아니라 모든 제조업, 심지어 농업 · 수산업 · 광업 등 1차 산업까지도 고도의 지적 · 기술적 뒷받침이 있어야만 한다.

지식과 문화서비스 시장이 폭발적으로 늘어나면서, 저작권 및 특허전쟁이 본격화되고 있다. 앞으로의 사회는 지적 자산의 규모와 수준에 따라 국력이 결정된다. 첨단산업뿐만 아니라 모든 제조업, 심지어 농업 · 수산업 · 광업 등 1차 산업까지도 고도의 지적 · 기술적 뒷받침이 있어야만 한다.

지적 자산은 모두가 인간 두뇌에서 니온다. 따라서 값비싼 지적 자산의 생산자 확보가 선진국과 후진국을 가르게 된다. 기업도 마찬가지다. 그래서 각 나라와 많은 기업들이 유능한 인재 확보에 혈안이 되고 있다. 하지만 가장 믿을 수 있는 대책은 누가 더 효율적인 교육제도와 장기적인 인력 양성 체제를 갖추고, 얼마나 뛰어난 인재들을 지속적으로 배출해 내느냐이다. 다시 말해 국가 차원의 교육 혁신과 국민의 의욕적 참여 욕구 정도에 따라 그 나라나 기업의 미래를 점칠 수 있는 사회가 되었다는 뜻이다.

지금 국제 사회에서 한국의 지적 수준은 낮은 편이다. 지적 무역 현황을 보아도 매우 비관적이다. 1998년 통계에 의하면 기술 무역에서 수입이 97%를 차지하고 있다. 수출은 고작 3% 수준에 머물러 있는 기술빈국을 벗어나지 못하고 있었다. 지금도 기술 무역에서 수출이 두 자릿수를 차지하지 못하고 있다. 이것이 세계 11대 무역대국에 무역흑자국인 한국의 속사정이다. 원천 과학기술이 뒤진 탓도 있지만, 독창적 기술 개발보다는 위험부담이 적은 남의 나라 기술을 빌려 쓰거나 모방하는 동조성향이 만연되어 있었기 때문이다. 또 국가 기술, 교육정책도 이를 극복하기 위한 특단의 대책 마련에 소홀했던 것도 한 이유이다.

그러나 우리에게 희망은 있다. 한국인의 지적 호기심이나 수용 능력은 세계적 수준이다. 우리도 선진국처럼 교육을 국가 경쟁력 제고를 위한 적극적 무기로 그 개념을 바꾸면 된다. 기업도 경쟁력 향상을 소속 구성원 자질의 개선에서 찾으려는 사고로 전환하면 상황은 달라질 것이다.

변화무쌍한 새로운 사회를 이끌어갈 다량의 우수인재 확보가 절실함을 인지해야 한다. 그에 맞는 교육수준 향상을 위해서 국가차원의 교육개혁이 단행되고, 최고의 교사가 확보되어야 한다. 또한 학교에서의 인격교육, 학교건물 개선, 모든 국민의 학력 수준을 일정 수준 이상 유지토록 해야 한다. 의욕적인 교육개혁 청사진을 만들어 날로 치열해지는 변화에 적극적으로 대응해야 한다.

07 세계는 교육개혁 중

대다수 국가들은 온갖 다채로운 교육제도를 통해 교육 수요자들을 자극하여 자발적인 참여를 부채질하고 있다.

지금까지 세계 최고의 교육기관은 미국이 독식하다시피 해 왔다. 바로 정치·경제·과학·기술 등 모든 분야에서 세계 최고의 경쟁력 있는 인력자원을 확보했기 때문이다. 그리고 최강국의 지위를 누리게 된 당연한 결과이다. 미국은 세계 최고 20개 대학 중 17개를 차지하고 있고, 매년 노벨상 수상자의 70%를 배출하는 등 세계의 학문을 지배하고 있다.

그러나 지나온 역사를 통해 보면 영원한 강국은 없다. 이미 미국도 여러 국가들의 거센 도전 앞에서 흔들리고 있다. 그러자 미국은 근래 들어 교육개혁에 눈을 돌리면서 교육경쟁력 강화를 서두르고 있다. 마이크로소프트의 빌 게이츠 회장은 '2005 전국고교교육 정상회의(2005 National Education Summit on High School)'에서 "50년 전에 만들어진 고등학교로는 21세기가 요구하는 학생을 길러 낼 수 없다"고 미국교육의 문제점을 신랄하게 비판했다. 실제로 미국의 고등학생들은 매년 30%가 넘는 중퇴율을 기록하고 있고, 대학 진학자는 40%에 머물고 있는 실정이다.

영국의 경제지 '이코노미스트'는 미국 대학의 위기를 7가지 요인으로 나누어 공개적으로 경고했다. 경쟁과 개혁에 소극적, 경쟁보다 현실에 안주, 수요자보다 공급자 위주의 학사운영, 수십 년간 똑같은 핵심 커리큘럼, 낮은 교육의 질과 비싼 수업료, 스타 교수는 대학원생 지도에만 투입, 대학 간 협력체제 미흡 등이다. 이코노미스트의 지적 사항은 우리 한국의 대학이 당면한 문제점과도 맞아떨어진다.

일본도 학교 교육의 위기탈출을 위해 안간힘을 쏟기는 마찬가지다. 일본은 학교 교육의 경직성 완화를 위해 대담한 교육개혁 정책들을 내놓고 있다. 천편일률적인 주입식 교육 탈피를 위해 기업 경영인, 주부 등 사회 전문인 출신을 교사로 영입하고, 학생들의 학교 선택권도 파격적으로 현실화하고 있다. 이와 함께 교육 규제를 주도하고 있는 전국의 지방교육위원회를 아예 폐지하는 방안을 추진하고 있다. 후발국인 중국이 최근 들어

빠른 성장을 하고 있는 것은, 교육환경부터 경쟁적 체제로 바꾸어 놓았기 때문이다. 중국 정부는 매년 교육 여건이 좋고 명문대학 진학률이 높은 고등학교들을 골라 순위를 매긴다. 우수학교로 지정되면 정부의 재정지원뿐만 아니라 학군과 관계없이 전국에서 우수학생을 자유롭게 모집할 수 있다. 교사 역시 논문, 실적, 교육반응 등에 대한 자격심사를 통해 등급을 6단계로 나누고 보상에 큰 차이를 둔다. 평등을 최우선의 국가 이념으로 중요시하고 있는 공산사회에서도 이처럼 파격적인 경쟁논리를 도입한 것은 이것이야말로 상향 평등사회로 갈 수 있는 가장 빠른 길이라는 판단이 섰기 때문이다.

그러면 우리 한국은 어떤가. 정부·사회 각계각층에서 교육개혁의 필요성을 절감하고 있다는 점은 다른 나라들과 마찬가지다. 우리는 자유경쟁과 시장경제를 우선시하는 나라인데도 교육에서만은 정부가 독점권을 행사하고, 자유경쟁을 일방적으로 제한하고 있다.

현재 세계 각국이 추진하는 교육개혁 방안에는 하나의 공통된 흐름이 있다. 그것은 교육수요자 입장에 서서 교육의 자율성과 다양성을 높이고 공적 규제를 최소화하면서 경쟁원리를 도입하는 것이다. 이는 고고하고 은둔적인 학문영역을 현실 속으로 끌어내어 직접적인 산업경쟁력 향상의 주역으로 탈바꿈시키려는 데 있다. 그래서 대다수 국가들은 온갖 다채로운 교육제도를 통해 교육 수요자들을 자극하여 자발적인 참여를 부채질하고 있다. 하지만 한국은 정반대이다. 영재가 되겠다는 집념을 가진 젊은이들은 사회곳곳에서 넘쳐나지만 이들을 수용할 국가정책이나 제도는 못 따라주고 있다. 효율적인 교육정책이란 세상이 놀랄 만한 기발한 착상에서 나오는 것이 아니다. 최소한 선진국이 달려가고 있는 교육개혁의 대세를 수용하는 것만으로도 한국교육은 큰 모험 없이도 탄력을 받아 경쟁력을 기를 수 있을 것이다.

한국은 과거 30년 동안 입시 제도를 30번이나 바꿨지만 뾰족한 정책이 자리 잡지 못했다. 최근에는 중국과 일본도 평준화 정책을 포기했다. 선진국 중에 고교평준화를 시행하는 나라는 이제 없다.

우리도 이제는 경직된 이념의 족쇄를 풀어야 한다. 길을 잘못 들어 방황하는 폭발적 교육열을 국가 경쟁력을 높이는 엔진으로 수용하는 발상전환이 절실하다. 치열한 경쟁이 도사린 국제 사회에서 후진국으로의 퇴보를 면하려면 교육개혁의 기회를 놓치지 말아야 한다.

08 독창성의 시대로

전통문화란 국가나 민족 간 승부를 거는 투쟁적 도구가 아니라, 국제 사회에서 나라의 격과 개성을 나타내주는 신표와 같은 것이다.

창조력 개발에 목말라 있는 미국 뉴욕의 벤처 맨(Venture Man)들이 한결같이 공감하는 말이 있다. 그것은 창조산업의 원천은 '전통문화' 라는 것이다. 새로운 트렌드의 토대는 대부분 전통문화에서 찾아볼 수 있다. 아무리 고도화된 기술로도 전통을 없애거나 그보다 나은 것을 창조하지는 못하고, 기술이란 그저 자기표현에 도움을 주는 수단일 뿐이라는 것이다.

어느새 교육계에도 세계화와 함께 신자유주의 영향이 빠르게 번지고 있다. 가르치고 배우는 것도 비슷해야 서로의 의중을 쉽게 이해할 수 있다. 그렇게 되면 세계 시장에서 영향력이 큰 나라의 문화가 세계 표준문화가 될 가능성이 커지게 된다. 이때 선진국을 무조건 좇아만 가는 후발국들의 종착점은 '문화종속' 이 될 수밖에 없다. 교육도 마찬가지다. 교육 선진국을 모델로 베껴 쓰다 체질화되면 전통교육은 사라지고 국가 정체성의 위기를 겪을 수 있다.

실용성과 편의주의만 좇다보면 영어가 한글보다 유리하고, 미국 문화가 한국 문화보다 앞선 문화로 보일 수밖에 없다. 이미 우리나라는 그런 방향으로 달려가고 있는 중이다. 정부는 국제화와 실용주의를 앞세워 영어 교육에 수조 원의 예산을 편성하고 있다. 대학들도 영어 수업을 강화채 나가다 보니 이제는 초·중·고등학교가 아니라 유치원에서도 영어 열풍이 불고 있다. 영어는 국제 사회에서 경쟁력을 높이는 중요한 수단인 것은 틀림없다. 그러나 그것이 곧 목적이 되어서는 안 된다.

어느새 우리 젊은 세대들은 서구 문화에 빠져 있다. 또한 전통문화나 민족 주체성에 매달려 사는 것보다는 현실타협으로 가는 길이 더 유익하다는 생각이 만연되어 있다. 왜 전통문화가 중요하고 왜 한글을 지켜야 하며, 왜 국가 정체성이 필요한지를 알지 못한다. 오히려 서둘러 서구화되어 영어를 한글과 함께 국어로 지정하는 것이 국가 경쟁력을 높이는 길이라고 믿는 사람마저 생기고 있다.

그러나 서구 문화란 서구인이 수천 년, 수백 년 동안 자신만의 토양 위에서 자기들 체질에 맞게 축적한 생활양식이다. 그들이 살아온 환경과 기질과 전통에 맞게 숙성된 것이다. 따라서 이들의 문화는 한국인에게는 맞

지 않으며, 이를 한국인의 체질에 맞추려면 많은 갈등을 삭이면서 조화를 위한 세월이 필요할 것이다. 여과과정 없이 낯선 문화로의 성급한 체질 변화를 시도할 때 한국과 한국인은 기존에 쌓아온 독창적 개성과 정체성마저 혼란에 빠지게 된다. 아니면 서구 문화의 변종이 될 가능성이 크다.

우리의 과제란 바로 세계화의 대세를 따르면서 여기에 한국인의 독창성을 어떻게 자랑스럽게 살려내느냐이다. 그 해답 역시 교육에서 찾을 수밖에 없다. 어려서부터 학교교육, 사회교육으로 여기에 합당한 체질을 만들어 주어야 한다. 민족 정체성이 스며들어 있는 한국 문화 위에서 새로운 시대정신이 함축된 독창적이고 개성적인 문화를 접목시킬 수 있어야 한다.

전통문화란 국가나 민족 간 승부를 거는 투쟁적 도구가 아니라, 국제 사회에서 나라의 격과 개성을 나타내주는 신표와 같은 것이다. 유럽인들이 유난스러울 만큼 자기네 문화유산을 소중하게 가꾸는 이유는 전통문화야말로 창의력의 모태요, 자신을 지탱해주는 뿌리라고 믿기 때문이다. 그러므로 한국적 색깔을 살리는 개성 찾기에 정성을 쏟을 때 한국의 생명력은 다(多)가치 사회에서 경쟁력을 길러주는 효율적인 무기가 될 것이 틀림없다.

09 다원사회로

자기와는 다른 생각과 가치기준에 대해서도 용인하고 공존할 수 있는 문화관습이 정착되어야 한다.

미국에서는 10여 개 대학이 매년 학생들을 대상으로 레고 테스트(Lego Test)를 한다. 레고 메커니즘은 다양한 개성을 가진 인간들에게 다양한 삶의 방법을 가르쳐준다는 의미가 있다. 여러 사람들이 각기 다른 레고 조각들로 자신만의 색상 배열을 만들기도 하고, 여럿이 같은 모양으로 보조를 맞추기도 한다. 점차 다양화되고 있는 네트워크 사회에서의 생활훈련이다.

이제는 세상 사람들도 인간의 정신세계를 지배해온 온갖 철학 · 정치 · 경제 · 예술 · 종교 · 인생관 등 다양한 가치들을 자신의 적성에 맞는 라이프스타일로 꾸미고 싶어 한다. 앞으로의 세상에서는 아무리 고집스러운 문화국가들도 문을 열고 교류의 길을 트지 않을 수 없다. 그러자면 자기와는 다른 생각과 가치기준에 대해서도 용인하고 공존할 수 있는 문화 관습이 정착되어야 한다.

사회 모든 분야에서 레고형 인간의 쓰임새가 커지게 되었다. 이는 다원 사회가 요구하는 다양한 인재상과 일치한다. 이런 사회에서는 일찍부터 학교교육 외에 국민교육에서도 다양성 교육에 공을 들이지 않으면 안 된다. 지도자나 선생의 뜻에 따라 일방적으로 옳다 그르다는 판단이나 추종은 사회에 득이 되지 않는다. 국가나 기업의 경쟁력 향상은커녕 생존조차 위태로울 수 있다.

예를 들자면 티베트 자치에 대한 티베트 주민들의 의견이 분출될 때면, 중국 국민들은 감정적 민족주의에 휘둘려 이에 적극적으로 반대한다. 중국 학자들은 "젊은 학생들의 애국주의는 중국 정부의 일방적 교육 탓"이라고 비판하면서 우려의 뜻을 나타낸다. 남을 배려하는 교육을 제대로 못 받았기 때문에 왜곡된 민족정서를 선택했다는 지적이다.

우리 한국 학계에서도 "우리 역사 교과서가 이분법적으로 기술돼 있는 점이 문제이다. 애국 투쟁영웅은 부각시키면서 반대편 사람은 철저하게 매국노로 몰아붙이는 내용" 때문에 비틀린 애국주의가 우리 입지를 어렵게 하고 있다는 주장이다.

중국의 대지진 참사 때 우리나라의 일부 철없는 네티즌의 저주성 비방이 중국 네티즌의 분노를 사게 한 것도 같은 맥락이다. 한국은 외국과의 협력과 교역 없이는 생존 자체가 어려운 나라이다. 불과 십수 년 사이에 한국에도 100만 명 이상의 외국 사람들이 이주해 와 다인종 다민족국가로 급속하게 바뀌고 있다. 겉에서 보면 다원주의를 너그럽게 수용하는 포용력이 있어 보이지만, 한국 사회는 아직도 다원주의를 용인하는 관용의 미덕이 빈약하다고 할 수 있다.

종교 면에서도 불교와 천주교·개신교에 근래에는 이슬람교 등 외래종교를 폭넓게 용인하고 있다. 하지만 그 이면에는 외외로 폐쇄적이고 경직된 완고성이 잠재해 있다. 종교의 간판이 어느 것이든 한국인 상당수의 의식 속에는 자신과 소속집단의 안위에 집착하는 기복신앙이 들어 있다. 그 흔적은 한국전쟁과 심각한 이념대립 등에서 얼마든지 찾아볼 수 있는데, 이런 편협한 폐쇄주의는 나라나 기업, 개인의 장래를 위해 바람직하지 않다.

신뢰사회는 열린 마음과 문화적 공감대가 형성된 곳에서만이 뿌리를 내릴 수 있다. 한국에는 지금 엄청난 힘이 솟구치고 있다. 이 힘이 자극을 받을 때마다 인터넷은 불신, 불만으로 요동을 친다. 그리고 집단시위, 촛불집회로 이어져 거리를 가득 메운다. 그렇다고 단결력이 부족하여 국론 분열이 심하다는 시각은 잘못된 판단이라고 할 수 있다. 이것이야말로 한국인의 다원사회 최적의 창조적 재능임을 나타내는 타고난 특징이다.

10 자유냐 질서냐

국가나 사회가 발전하려면 자유와 질서, 어느 것이 더 중요할까. 레스터 서로우는 그의 책 『지식의 지배(Building Wealth)』에서 싱가포르와 이스라엘의 경제발전 모델에서 그 해답을 찾았다. 싱가포르는 1965년 1인당 국민소득이 500달러였는데, 1999년에 2만 5천 달러 수준으로 올랐다. 이스라엘은 1인당 국민소득이 1965년의 5천 달러에서 1999년에는 1만 5천 달러 선에 이르렀다.

모두 성공한 나라이지만 35년 동안 싱가포르는 개인소득이 50배나 뛰어오른 반면 이스라엘은 3배 오르는 데 그쳤다. 비교 연도인 1965년에 싱가포르는 후진국에 불과했지만 이스라엘은 싱가포르보다 10배나 부유한 선진국 문턱에 와 있었다. 그러나 지금은 사정이 역전되어 싱가포르는 선진부국 자리에 당당히 올랐다.

무엇이 이들 두 나라를 바뀌게 했을까. 한 나라는 질서로 승부를 걸었고 다른 나라는 개인적 재능에 승부를 걸었기 때문이다.

이스라엘 사람들은 전통적으로 '탈무드'에 실린 랍비의 지혜를 익히면서 개인 자질을 높이는 데 힘을 기울였다. 세계 곳곳으로 흩어져 살아온 이스라엘 민족의 운명적 삶이 개인적으로 자립심과 탐구욕을 체질화시킬 수밖에 없는 데서 원인을 찾을 수 있다.

반면에 싱가포르는 천연자원이 없는 조그만 나라로, 동남아 여러 민족이 섞여 사는 이민 국가이다. 그냥 내버려두었다면 주변국인 말레이시아, 인도네시아, 중국 수준에 머물렀을 가능성이 높다. 그러나 싱가포르는 강력한 질서 아래 도시국가의 이점을 살려 선진국 따라 하기 정책을 폈고, 성공을 거두었다.

그러나 이 두 나라는 21세기 들어서부터 성장세가 둔해지고 있어 잠재력이 한계에 다다르지 않았나 하는 평가를 받고 있다. 싱가포르는 지금껏 일사불란한 조직력과 모방으로 남을 따라잡는 쉬운 단계만을 밟아왔다. 이스라엘 역시 개인재능에만 의존할 뿐, 국가가 나서서 이들 재능을 질서 있게 조직화하거나 체계화해 나가는 종합계획이 부족했다.

그러면 한국은 어느 길을 택하고 있는가. 한국의 1인당 국민소득은 1960년에 80달러이던 것이 2003년에는 12,600달러가 되었다. 43년 만에 150배의 성장을 이룬 것이다. 최근에 들어서는 2만 달러 고지에도 도달했다. 성장 속도가 세계에서 가장 빠르다. 1970년대 이후 한국의 경제성장은 강력한 질서에 바탕을 두었다. 하지만 1990년대에 민주화 욕구가 커지면서 경제 질서는 자유와 평등 논리에 역전되기 시작했다. 이는 끈질긴 민주화 운동의 당연한 결실로 볼 수 있다. 그러나 그 배후에는 기질적으로 감성적이고 개성적인 한국인의 자유의식이 햇빛을 보면서 폭발적으로 분출한 결과라 할 수 있다.

세계화 및 정보화가 대외적 발전의 지름길이라면 공동체적 전통이나 가치규범은 대내적인 결속을 다지고 정체성을 굳혀주는 버팀목이 된다. 이것 없이는 동질화되어 가고 있는 국제시장에서 한국적 개성으로 경쟁력을 키울 수 없다. 사회의 균형발전을 기대하기 어렵고 높은 신뢰사회로 들어

갈 수도 없다. 그렇다면 우리가 세계 일류국가로 다가가려면 국가경영에서 자유와 질서 중 저울추를 어느 쪽으로 기울게 할 것인가. 국민들이 자유를 만끽하면서 저마다의 창의력을 펼칠 환경을 조성해주는 것이 더 중요한가, 아니면 운명적으로 위험한 위치에 자리 잡은 한국호의 안위를 위해 능률적인 질서체계에 비중을 더 둘 것인가.

사르트르(Sartre)는 다음과 같이 말했다.

"인간은 자유롭도록 저주받은 존재이다. 인간이 자유를 누린다는 것은 꼭 축복만은 아니다."

그는 무제한 자유를 갖고 싶어 하는 인간의 욕구를 저주로 보았다. 지금 세계 도처에는 정보화·민주화·세계화와 함께 자유화의 물결이 거침없이 밀려들고 있다. 당연히 사회 갈등이 심화되고 법질서나 국가 경영자의 리더십이 약화될 수밖에 없다.

세계에 번지고 있는 자유 시장경제도 결국은 자원고갈, 환경오염과 파괴 등 헤아릴 수 없는 부작용을 낳고 있는 것을 보면 자유의 남용이 곧 인류의 재앙으로 이어질 수도 있을 것이다. 역사를 보면 자유의 과잉상태에서 질서의 중요성을 미리 깨닫고 실패를 예방하는 데에 성공한 경우가 드물다. 더구나 구성원들의 자제력이 국난을 헤쳐 간 경우는 더욱 드물다. 그래도 우리는 아직 오지 않은 미래를 위해 정부나 국민들이 현재의 달콤한 자유를 얼마만큼 자제하느냐는 것에서 해답을 찾을 수 있을 것이다.

11 세계화와 권위 해체시대

다원화로 가는 길에는 인간의 존엄성을 높여주고 사회와 개인생활에 활력과 창조성을 높여주는 수많은 순기능들이 숨어 있다.

근래 들어 세계화 추세가 거세지면서 싫든 좋든 서구문명이 지구촌의 표준문명으로 자리를 잡아가고 있다. 그러다보니 이질적인 서구 문화가 주류대열에 끼어들면서 기존의 전통과 갈등을 빚고 있다. 그러나 아랍세계나 인도·중국 등 상당수 국가들이 쉽게 동화되지 않고 있는 것은 이들 국가들의 전통문화 응집력이 워낙 강한 데다, 아직 세계화의 수용 없이도 생존이 가능하다고 믿고 있기 때문이다.

그러나 국제의존도가 큰 나라들은 사정이 다르다. 이들 나라 중에는 서구의 민주화와 평등논리의 여파로 몸살을 앓고 있는 곳이 많다. 인간이 생각해낸 최선의 제도라 해도 체질적으로 숙성이 덜 된 때문이다. 여론의 이름으로는 무엇이든 바꿀 수 있는 것이 민주주의라고 착각하고 있으며, 평등이념도 절대평등으로 비약하고 있는 것이다.

우리 현실도 민주주의의 간판을 걸고는 있으나, 그 운영행태를 보면 마치 옛날 당파싸움과 조금도 다르지 않다. 모든 이해관계자들의 협의과정을 보아도 공존보다는 탈출구마저 차단한 극단적 투쟁방식이 일상화되어 있다. 오직 승자와 패자라는 이분법적 정치문화가 사회통합을 어렵게 하고 있고, 대화와 타협, 그리고 조정이라는 민주주의 기본원칙은 빛을 바랬다. 우리나라는 세계화라는 대세를 거역할 수 없는 처지에 놓여 있다. 날로 다원화되고 있는 국제 추세에 맞추면서 경제성장과 호혜관계를 유지하지 못한다면 살아남기 힘들 것이다.

세계화의 물결 탓인지 지금 국제 사회에서는 권위 해체현상이 급속하게 진전되면서 전체주의 · 공산주의 · 민족주의 · 국수주의 같은 편협한 이념이 자리를 잃고 있다. 노동자나 학생들의 투쟁 일변도인 집단문화도 다원사회로의 변화를 수용하지 못하면서 힘을 잃어 가고 있다. 전통적인 우상인 성인 · 위인 · 원로 · 스승의 설 자리까지 좁아지고 있는 것이 오늘의 현실이다. 국가나 조직의 후광보다는 개인의 능력과 권리, 책임, 보람을 중시하는 사회관습이 자리 잡고 있는 것도 같은 맥락으로, 정통성 있는 대통령의 권위마저 언제 무너질지 모르는 게 오늘의 현실이다. 머잖아 불가침 주권의 상징인 국가마저 지금의 220여 국에서 3천~4천여 국가로 분산되리라는 예측이 나오기도 했다. 그러다보니 종적 질서의 후퇴와 함께 다양한 역기능들이 고개를 들고 있다.

국민와 민족, 가족으로서의 소속감이 희박해지면서 자라나는 신세대들은 문화적 정체성을 잃은 세계인으로 변질되고 있다. 1997년 이후 한국인의 자발적인 해외 이민이 매년 1만 3천여 명 이상으로 늘고 있다. 대다수 국가에서도 이민이나 이주, 직업인의 자유이동, 배낭족 들이 매년 10억 명이 넘고 있는 것만 봐도 현대인의 소속감 해체 현상을 단적으로 알 수 있다.

여기에다 인간 행동에 대한 법적, 사회적 규제능력이 힘을 잃으면서 세기말적 종말론이 고개를 드는 것도 하나의 징후라 할 수 있다. 역사는 세월을 뛰어넘어 반복되는 때문인지 2,300여 년 전에 강력한 법치주의를 주장한 '순자(荀子)' 시대에도 난세의 징후는 지금과 크게 다르지 않았던 것 같다.

"난세의 징후에는 옷이 요란스럽고, 용모가 여자 같으며, 풍속은 음란
하고, 탐욕스럽게 이익을 쫓으며, 행실이 어지럽고, 음악소리는 거칠고 사
납다(亂世之徵 其服組 其容婦 其俗淫 其志利 其行難 其聲樂險)."

이미 세계 도처에서는 걸러지지 않은 인터넷 여론이 태풍을 몰아오고
있으며, 격렬한 음악이 대세를 이루고 있다. 특히 문란한 풍속에 오염된
젊은 세대들은 과거와 전통을 잊고 있다. 여기에다 테크노샤머니즘 ·
UFO신드롬 · 엑스파일 · 이색종교 등이 잇달아 등장하는가 하면, 비합리
적 신비주의 사상이 인간의 무기력을 부추기기도 했다. 그렇다고 이런 권
위 해체현상을 문명의 뙤보니 말세의 징후로 단정할 수는 없다.

오히려 다원화로 가는 길에는 인간의 존엄성을 높여주고 사회와 개인생
활에 활력과 창조성을 높여주는 수많은 순기능들이 숨어 있다. 그러나 지
금 세상에서는 카리스마 넘치는 소수의 리더들만으로 이런 특성을 효율적
으로 살려내기에는 한계가 있다. 시민 스스로가 자율이라는 안정된 질서
의 주체가 되어, 호혜와 배려의 공존의식이 체질화된 성숙한 시민이 되어
야 한다. 그래야 선진 한국으로 한 걸음 나아갈 수 있을 것이다.

12 신인류의 출현

현란한 스크린 문화와 인터넷에 의한 광활한 정보 바다의 유영이 생활의 일부로
정착되었다.

요즘 신세대들은 멀티미디어라는 색다른 문화권에서 사는 신인류이다. 이들은 자신도 모르게 어려서부터 대량정보의 다중적 흡수와 소화에 익숙해져 있다. 현란한 스크린 문화와 인터넷에 의한 광활한 정보 바다의 유영이 생활의 일부로 정착되었다. 그 때문에 신세대들은 셀 수 없이 등장하는 새로운 정보기기에 대한 활용도 및 친숙도도 뛰어나다. 그리고 왕성하게 지식과 정보를 흡수해 소화할 뿐만 아니라 그에 대한 비판력까지도 갖추고 있다.

이들은 전자게임과 전자상거래에 빠져 살고 있으며, 세계 최신 유행의 전파자가 되었다. 또 음악 등 엔터테인먼트 분야에서도 거의 전문가 수준의 정보력과 폭넓은 안목을 두루 갖추고 있다. 이 네티즌 세대는 자의식 강한 개성문화를 선도하면서 집단문화, 집단행동을 이끌어내는 거대세력으로 입지를 굳히고 있다. 또한 이들은 제조상품이나 각종 서비스 상품의 구매 성향 조사에서 가장 영향력 있는 계층으로 당당히 올라서 있다.

한국의 경우 대부분의 기업에서 전자제품 등 신제품을 출시하기 전에 10~20대 젊은이들의 자문을 거치는 것으로 나타났다. 각종 매체나 광고 시장에서도 마찬가지다. 국내 대표적인 지상파 방송국을 필두로 대부분의 영상매체의 목표는 단연 청소년 잡기다. 이들이 외면하면 매체의 존립 자체가 어려워지고 있는 것이 현실이다. 기업들도 이들을 끌어안지 않고서는 기존 시장 유지는 물론 새로운 시장 개척은 꿈도 꿀 수 없다. 기업들이 다투어 관심을 쏟는 감성경영이란 것도 실상은 신세대 문화를 겨냥한 발상이다.

한국의 기업문화가 신세대 취향으로 체질을 바꾸기 시작한 시기는 외환

위기 이후라고 볼 수 있다. 기업 도산이 줄을 잇고 더 이상 과거에 매달릴 수 없게 되면서부터 기업들은 과감한 구조조정을 단행했다. 기업마다 '변하지 않으면 자멸한다'는 위기의식이 번지면서 나이 든 경영진이 물러나고 순발력 있는 젊은 경영인들이 대거 등용되면서 기업문화도 젊어질 수밖에 없었다. 그러다보니 우려할 만한 후유증도 생겨나게 되었다.

신세대 중심의 감각적이고 성급하며, 단기적이고 모험적인 경영 문화가 기업의 안정성과 신뢰도를 해치게 된 것이다. 목표 업무에 대한 집요함과 인내심 부족에다, 조금 안 된다 싶으면 쉽게 포기하고 새 판 벌리기를 좋아하는 '리셋(Reset)증후군'도 나타난 것이다. 또 이익만을 찾아 근거지를 옮겨 다니는 철새직장인들이 늘어나자 소속기업에 대한 충성도가 약화되면서 기업의 공신력과 직원들의 소속감이 해이하게 되었다. 결과적으로 외환위기는 기업 체질 강화를 위한, 독성이 강한 치료제가 된 셈이다.

이제는 급변하는 세계 시장에 대비하여 패기 넘치는 젊은 기업 문화에 기성세대의 경륜을 창조적으로 수용하는 일이 절실해졌다. 기업의 기반과 전통을 튼실하게 유지할 수 있는 중간 계층을 복원해야 하는 이유도 그 때문이다. 그래야 신선한 창조력과 지구력을 함께 갖춘 기업이 될 것이다.

13 소셜미디어 시대

소비자들이 인터넷을 통해 공조활동을 하면서 거대한 영향력을 발휘하게 되었다. 그렇게 시작된 현상은 깊은 곳에 숨어 있는 틈새 정보까지도 세상에 알리는 청량제 역할을 하고 있다.

요새 사람들은 두 가지 놀라운 무기를 갖추고 있다. 하나는 세상 소식을 순간순간 훤하게 꿰는 도구이고, 또 하나는 자신이 만들어낸 정보를 손쉽게 퍼뜨릴 수 있는 능력이다. 10여 년 전까지만 해도 상상할 수 없었던 변화라고 할 수 있다. 앞으로 이런 소셜미디어는 점점 확장될 것이 틀림없다. 이 같은 변화는 인터넷과 휴대전화, 디지털카메라 같은 디지털기기들이 개인 생활 깊숙이 자리 잡았기 때문에 가능해진 것이다. 이런 환경은 국민들의 감시기능이나 폭발적 여론형성이 수월하게 이루어지도록 한다. 이런 다양한 변화 가운데도 특히 눈에 띄는 것은 세계의 네티즌들이 열광하는 'UCC' 돌풍이라고 할 수 있다. UCC란 일반 정보사용자가 생산해 낸 '사용자 제작 콘텐츠(User Created Contents)'를 말한다. 이 UCC 열풍은 공급자 중심의 기존체제에 지각변동을 예고하는 신호이다.

UCC는 네티즌들이 직접 만든 사진이나 동영상 같은 생동감 있는 콘텐츠를 자신의 미니홈피나 블로그에 올리면서 본격화됐다. 댄스나 노래, 스포츠, 연기 등등 장르를 가리지 않고 개인 취향에 따라 무궁무진한 사진과 동영상들이 만들어졌다. 이제는 UCC의 품질을 높이기 위해 전문가가 만든 PCC라는 것이 생겨나고 있고, 조직이 앞장서서 만든 OCC라는 것이 선을 보이는 등 진화과정 또한 흥미진진하다.

UCC 열풍이 처음 발생한 곳은 한국이 아니다. 또한 어느 한 사람의 천재적 영감에 의해 갑자기 만들어진 것도 아니다. 사용이 편리한 제작기기들이 대중화되면서 자연스럽게 나타난 현상이다.

미국, 일본 등 선진국에서는 '소비자 천국, 생산자 지옥' 이라는 화두가 등장한 지 오래다. 요즘 소비자는 까다롭기가 끝이 없다. 이들은 어느새 강력한 압력단체와 다를 바 없이 제조업체를 간섭한다. 따라서 기업은 소비자들의 아이디어를 제품 기획 단계에서부터 받아들여 제품 개발, 판매까지 소비자들의 의견을 반영하는 프로슈머(Prosumer=생산자+소비자) 마케팅에 적극적으로 나서고 있다. 그런 이유로 현대를 프로슈머 혁명의 시대라고도 한다. 소비자가 생산자 역할도 함께 하는 세상이 되었다는 뜻이다. 소비자들이 인터넷을 통해 공조활동을 하면서 거대한 영향력을 발휘하게 되었다. 그렇게 시작된 현상은 깊은 곳에 숨어 있는 틈새 정보까지도 세상에 알리는 청량제 역할을 하고 있다.

한국의 UCC 역시 일반 사용자와 업체, 전문가들이 함께 어울려 새로운 문화, 새로운 시장을 만들어 가고 있다. 이런 발상이 세계 어느 나라보다 한국에서 큰 호응과 전파력을 가지게 된 것은 한국인의 기질과 맥이 닿아 있기 때문이다. 한국은 세계 제일의 품질 좋은 초고속망서비스를 갖춘 데다, 역동적인 포털시장과 소비자 참여광장도 활성화되어 있기 때문이다.

여기에다 국민의 70% 이상이 소지하고 있는 휴대전화에는 디지털카메라 등 첨단 디지털 기능들이 접목되어 있어 세상의 온갖 정보서비스를 손안에서 주무를 수 있다. 이것이야말로 자신을 자랑하고 싶어 하는 과시주의와, 남의 일에 참견하기 좋아하는 끝을 알 수 없는 호기심을 만족시켜 준다.

이런 흐름은 앞으로 세계 시장에서도 큰 풍파를 일으킬 것이다. 이미 한국의 거대기업들은 여기에 본격적으로 눈을 돌리고 있다. 한국통신의 메가패스 UCC사이트, 하나로텔레콤의 TV, SK텔레콤의 모바일 UCC를 위시하여 포털업체들에까지 무섭게 번지고 있다. 또한 기존의 지상파 방송 매체도 취재 지역, 취재 인력의 한계를 극복하기 위한 수단으로 UCC에 눈을 돌리고 있다. 소위 전 국민의 국민기자 시대에 돌입한 것이다.

하지만 이는 국가나 기업의 기밀누출이나 개인의 프라이버시 침해 등의 역기능이 생길 수 있다. 그러나 그보다는 사회의 투명성을 높이고 창의력을 꽃피울 수 있는 창조사회를 밝혀주는 순기능이 더욱 많으므로 성숙한 한국과 한국인이 될 수 있는 좋은 기회라고 본다.

14 정보의 자유유통과 문화종속의 위험

혁신주기가 빠른 첨단 기계장치나 관련 소프트웨어의 사용은 마약과 같아서 한번 익히고 나면 바꾸기가 여간 힘든 게 아니다.

오늘날 국제질서가 되어버린 정보의 자유유통 원칙(Free Flow of Information Principle)은 원래 미국이 내세운 외교정책이다. 이는 냉전시대에 공산권에 대한, 자유 민주주의와 시장경제의 우월성을 대표하는 강력한 이론적·정책적 무기로 활용되어 왔다. 그 결과 국경을 넘어 전파되는 TV와 라디오 방송 등을 통해 자유세계의 자유롭고 분방한 삶의 모습이 전해지면서 공산사회가 맥없이 무너져 버린 것은 세상이 다 아는 사실이다.

그러나 이 원칙이 근래에 들어서는 새로운 곳에 쓰이고 있다. 세계의 정보시장이 커지면서 미국 등 선진국들은 이 원칙을 지적 재산권 시장 장악의 수단으로 활용하기 시작한 것이다. 좁게는 문화상품의 수출증대를 위해서, 넓게는 세계 문화시장에서의 주도권 장악을 위해서이다.

지금 세계의 뉴스를 공급해주는 주요 통신사로는 AP, UPI, AFP, 로이터, 신화 등을 들 수 있다. 또한 현장감 넘치는 동영상 정보를 제공하는 CNN 같은 세계적인 뉴스 전문채널도 있다. 미국 기업은 세계 뉴스정보 공급에서 과반수를 차지하고 있는데, 영화와 음악, 드라마 등 다양한 문화시장에도 막강한 영향력을 발휘하기 시작했다. 이질문화의 침투로 많은 국가들이 전통문화 보호를 위해 규제를 강화하자, 미국은 여기서도 정보의 자유유통 원칙을 강조하기 시작했다.

국제교류를 외면할 수 없게 된 대다수 국가들은 문화시장에 대해 오랜 협상과 절충 과정을 거치면서 이 원칙 역시 언젠가 받아들일 수밖에 없는 국제적 추세라는 공감대를 형성했다. 그러자 이번에는 후발국들이 기술선진국들의 기술 폐쇄주의를 비판하고 나섰다. 정보의 자유유통을 주장해온 미국이 왜 중요한 기술정보는 외국에 공개·이전하지 않느냐는 항변이었다. 그러자 선진국들은 한물간 기술과 기술제품부터 후진국에 넘겨주기 시작했다. 지적 재산권 보장장치를 갖추어 놓은 것은 물론이다. 따라서 기술 후진국들은 선진국 기술을 통해 근대화를 추진할 수 있는 대신, 막대한 기술료 지불과 기술 예속이라는 족쇄는 피할 수가 없게 되었다. 특히 혁신주기가 빠른 첨단 기계장치나 관련 소프트웨어의 사용은 마약과 같아서 한번 익히고 나면 바꾸기가 여간 힘든 게 아니다.

이런 체제에 익숙해지면 몇몇 정보 강국이 내보내는 무수한 정보들, 예를 들어 뉴스·운동경기·드라마·영화·음악·게임·공연예술 등 다채로운 콘텐츠들이 날개 달린 듯이 세계인의 안방을 점령하게 된다. 나아가 그들의 가치관과 습관마저 세계의 표준이 되어, 정보 취약 국가들은 문화 종속의 길을 걷게 된다.

최근 우리나라에서는 영어 교육의 중요성이 너무 강조되다 보니 이제는 전통문화의 위기와 한글 경시 풍조까지 우려되는 수준에 이르렀다.

우리는 지금 경제 우선의 물질사상에만 너무 몰두하고 있다. 문화의 세기에 대한 각성과 거국적인 준비가 필요한데도 말이다. 진정 우리가 선진국에서 배워야 할 것은 그들의 정신유산을 소중히 다루고 가꾸는 문화적 자긍심이다. 전통문화의 뿌리가 허약해진 나라에서 정보의 자유유통이 판을 치게 되면 때로는 약이 아닌 심각한 독이 될 가능성이 크다. 특히 인터

넷에서 유통되는 불확실한 정보의 범람, 인권 침해, 갈등 조장, 프라이버
시 침해 또는 특정 정파나 이익단체들의 정략적 선동 등이 힘을 얻고 있는
것은 전통과 관습의 규제가 사라진 때문이다.

우리 사회는 개인의 불법행위는 형법, 사법적 책임을 져야 한다. 그러나
집단의 불법행위는 책임을 지지 않아도 된다는 괴변에 길들여져 있다. 이
런 악습에 대한 자율적 정화운동이 자리 잡지 못하면 국가와 사회는 건강
을 잃을 수밖에 없다. 우리가 문화의 세기에서 문화적 긍지와 보람 있는
삶을 찾으려면 책임감을 가지고 정보 활용의 자유를 누려야 한다.

이제는 우리 국민들의 뛰어난 비판의식이 비방과 거짓 속에서 진실을
가리는 밝은 눈으로 되돌아와야 할 때이다.

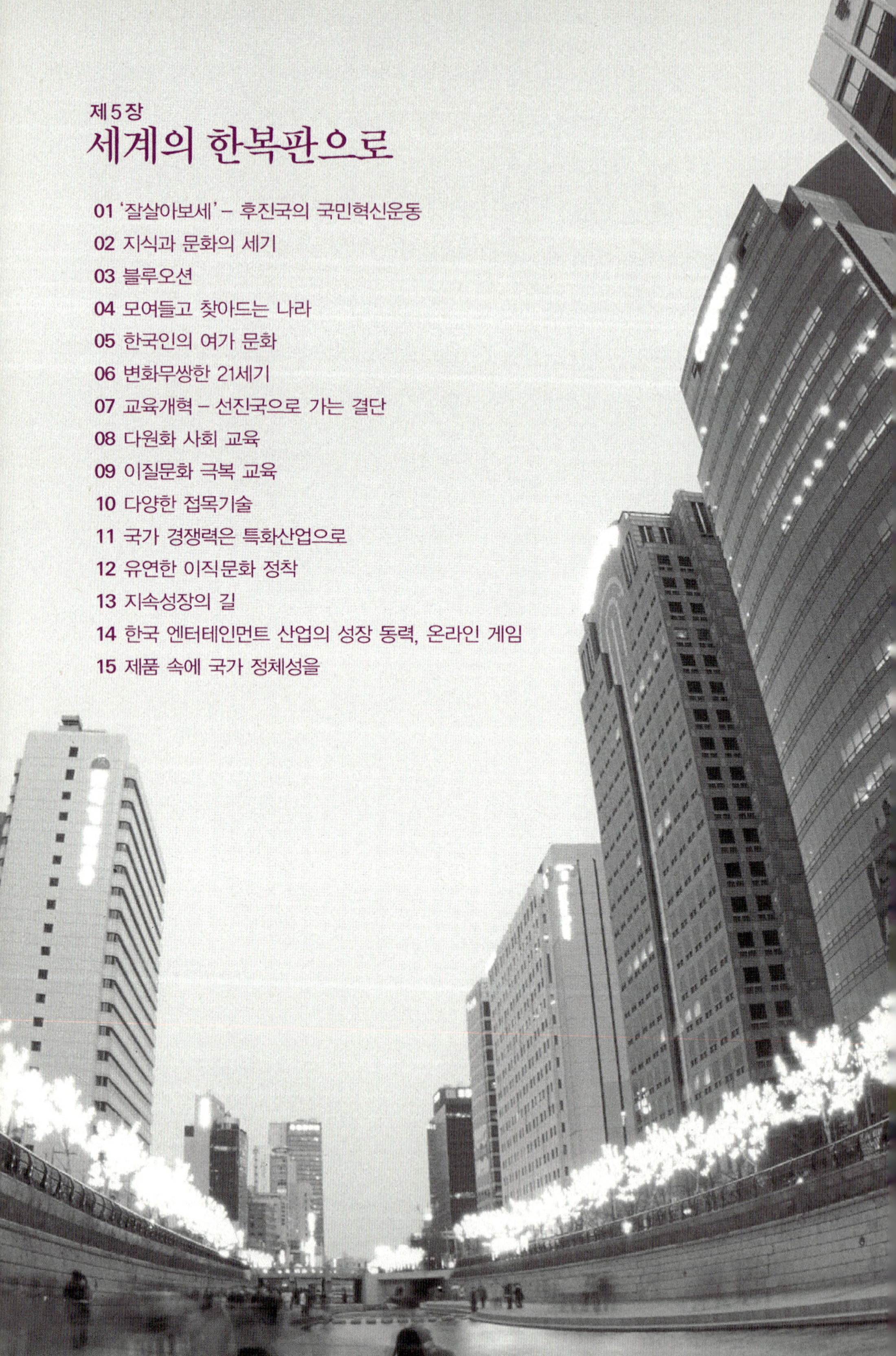

Real Corea
IN THE WORLD

한국은 20세기에 들어 나라를 잃는 경험을 했다. 1910년 일본에 합병되는 국가적 치욕은 국제화에 실패한 뼈아픈 경험이 되었다. 그 후로 100년을 달려와 21세기를 맞은 한국은 어려운 국가에 원조를 베푸는 나라가 되었다.

'닫힌 문'을 '연다'는 것은 힘든 작업이다. 삶의 방식을 조율하는 일종의 심리적 유형, 또는 의식의 지도(Mind Map)라고 할 수 있는 패러다임을 바꾸는 것은 어려운 과정이기 때문이다. 우리는 살면서 자신이 세운 가설들에 의해서 만들어진 패러다임이 불변하는 진리인 줄 알게 된다. 그에 따라서 우리의 삶에서 주어지는 많은 정보와 변화의 기회를 놓치게 된다. 100년 전 한국인들이 나라를 잃었던 것은, 바로 지나간 패러다임에 집착해 세상은 변화하고 있음에도 고착된 삶을 살았기 때문이다.

자기 자신과 '나'를 둘러싼 세계, '나'의 조직, 또는 다른 사람들에 대한 '나'의 패러다임을 지속적으로 계발할 필요가 있다. 외부 세계는 우리가 가진 패러다임을 거쳐 의식 속으로 들어오기 때문이다.

우리는 세상을 있는 그대로 바라보지 않는다. 세상이란 우리가 지닌 시각에 따라 다양하게 해석되는 것이다. 자신이 부자인가 가난한가에 따라, 또는 건강한가 병약한가, 젊은 사람인가 늙은 사람인가, 여자인가 남자인가에 따라 다른 시각에서 바라보게 된다.

자신의 패러다임을 바꾸는 데는 상당한 노력이 필요하며, 그 대안을 찾는 것 역시 마찬가지다. 세상은 쉴 새 없이 변하고 있기 때문에 신념과 패러다임도 그에 맞추어 진화해야 한다. 우리 한국인은 오로지 잘살기 위해 앞으로 달려왔고 환골탈태의 결과를 만들어 냈다. 예전의 한국인은 한반도가 '3면이 바다로 막혀 있다'고 생각했지만 지금은 '3면이 바다로 열려 있다'고 생각한다. 정신 자세가 바뀐 것이다.

100년 동안의 역경이 만들어낸 학습 효과를 바탕으로 한국은 과감한 비전을 가져야 한다. 원조를 받던 최빈국의 위치에서 원조를 하는 세계 10위권대의 경제 대국이 된 한국의 힘을 믿어야 한다.

'잘살아보세' 하고 노래하며 부(富)를 그려 우리는 부를 얻었다. 소망이 있기에 가능했던 일이다. 그러한 과정을 겪으며 우리는 과거와는 다른 삶의 태도와 시각을 갖게 되었다. 그것이 한국의 강력한 추진력이다. 오늘도 소망이 있기에 우리는 지금도 진화 발전하고 있다.

지난날에는 잘살아보자는 막연한 '바람'으로 기적을 이루었다. 하지만 이제는 명확한 비전과 막강한 추진력으로 오늘의 한국을 살아야 한다. 우리가 목표를 명확한 언어로 구체적이고 명료하게 디자인하는 그 순간부터 우리의 잠재의식 속에는 그 목표에 대한 이미지가 확고하게 뿌리를 내리게 된다. 막연했던 꿈이 명확한 비전으로 바뀌는 순간 우리는 원하는 길을 찾게 되는 것이다.

자신에게 능력이 있음을 안다면 더 많은 것을 창조해낼 힘이 생긴다. 정체성이 바뀌고 존재감이 바뀌기 때문이다. 두뇌를 연구하는 전문가, 물리학자, 심리학자, 정신의학자 등 다수의 과학자들이 한 목소리를 내는 명제가 있다. 개인이 갖는 사고나 믿음과 그의 실제 삶 사이에는 강력한 상관성이 있다는 이론이다. 그것은 명확한 목적의식을 지니면서 자신을 신뢰하며 능력을 다하여 그 목적을 실현시키고자 노력하는 사람들은 언젠가는 성공을 이루기 마련이라는 뜻이다.

01 '잘살아보세' – 후진국의 국민혁신운동

'새마을 운동' 이 지금 중국과 동남아시아 여러 나라에서 국민혁신운동으로 엄청난 인기를 끌고 있다.

한국은 지난 40여 년의 산업화 과정에서 기술과 인력, 돈, 경험 등이 너무 빈약하여 특단의 조치 없이는 이들 약점을 극복할 수가 없었다. 그래서 생각해낸 방법이, 없는 돈은 외국에서 빌려오고 기술과 경험도 외국 것을 들여와서 국내 인력에게 가르쳐 산업사회의 기반을 쌓아 올리는 길이었다.

그렇게 하자니 속도가 관건이었다. 속도를 내려면 구성원의 열정적 참여 열기가 뒷받침되어야 하기 때문이었다. 다행히도 한국인은 감성적인데다 풍류문화가 몸에 배어 있어서 동기유발만 제대로 해주면 역동적인 큰 힘을 낼 수 있다. 이때 생겨난 참여운동이 바로 '새마을 운동' 이다. 새마을 운동은 '잘살아보세'라는 구호 아래 주체적이고 능동적이며 공존협동운동에 초점을 맞추면서 놀라운 결집력을 보였다. 그러나 개발 독재정권이 물러나고 민주화 세력이 집권하자 인권탄압과 독재정권 유지를 위한 수치스러운 유산으로 매도되고 말았다. 지금은 단지 '새마을 식당'이라는 프랜차이즈 음식점에서 하루 종일 이 새마을 운동 노래를 틀고 있을 뿐이다.

그런데 이 새마을 운동이 지금 중국과 동남아시아 여러 나라에서 국민혁신운동으로 엄청난 인기를 끌고 있다. 특히 중국 정부는 이 계획 추진을 위해 '사회주의 신농촌건설 추진에 관한 중국공산당과 국무원의 의견'이라는 제목의 1호 문건을 내놓았다. 1호 문건이란 중국 정부가 추진할 최우선의 정책과제를 말한다.

이렇듯 우리가 이루어낸 경험이 다른 나라에 영향을 미치고 있으며, 우리의 성공 경험은 지속적으로 세계로 확장되고 있다.

국가나 기업은 비전을 공유하고 성공 전략을 바탕으로 구성원 개개인의 지적 창의적 역량을 결집시킬 수 있다. 지금 한국 국민들의 참여 욕구를 끌어낼 만한 비전은 한국이 세계의 한복판에 우뚝 서는 것이다. '잘살아보세'가 한국을 넘어 지구촌 전역으로 확장되는 것이 바로 한국의 벅찬 꿈이 되어야 한다.

1988년 올림픽과 2002년 월드컵 때의 국민들의 열기는, 한국인이 한번 사기가 오르면 화합과 긍지, 보람의 저력을 얼마만큼 분출하는지 알 수 있도록 해주었다. 한국인의 잠재력은 항상 위기와 갈등 속에서 살아났고 꽃 피웠다. 역사를 보아도 사회적 갈등이 새로운 발상과 현실 극복의지를 강화시키는 자극제가 된 경우가 많다.

이제 '세계의 한복판으로' 나가는 한국의 벅찬 꿈을 통해 국민적 사기를 드높일 신바람을 만들어내자. 이미 우리는 개발 후진국의 롤모델로서 역할을 하고 있다.

02 지식과 문화의 세기

지식과 문화의 세기를 맞으면서 우리의 타고난 지적 호기심과 감성 기질은 새로운 부의 원천으로 그 진가를 드러낼 가능성이 커지고 있다.

21세기인 지금은 삶의 질이 강조되는 시대이다. 따라서 직장이란 생존 수단이 아니라 꿈을 펼칠 수 있는 자아실현의 장으로 여기는 것이 최근의 풍속도이다. 이런 변화에 따라 감성 지수, 네트워크 지수 등등 다원사회에서의 적성을 중시하는 새로운 평가제도가 각광을 받고 있다.

감성 지수는 출발에서부터 인간이란 모두 가능성 있는 개체라는 평등과 긍정적 논리 위에 세워졌다. 인간은 누구나 잠재된 재능의 싹을 찾아 기회만 만들어 주면 모두 만족스러운 삶을 가질 수 있다는 것이다.

이는 자아실현을 돕는, 보람과 공존의 이념까지 뒷받침해 준다. 특히 창조 분야에서 개성적 감성은 합리성 못지않게 가치 판단과 선택의 주요 요인으로 자리 잡아가고 있다. 한국인은 세계에서 둘째가라면 서러워할 만큼 감성이 풍부한 민족이다. 그 동안은 먹고사는 문제에 시달리느라 스스로도 자신의 재능을 잊고 살아왔다. 그러나 지금은 1인당 국민소득이 2만 달러에 이르러 여기에 걸맞게 문화적 욕구도 어지러울 만큼 복잡하게 분출하고 있다.

더구나 지식과 문화의 세기를 맞으면서 우리의 타고난 지적 호기심과 감성 기질은 새로운 부의 원천으로 그 진가를 드러낼 가능성이 커지고 있다. 이미 감성은 단순히 문화 산업에만 그치지 않고 모든 제조업, 서비스업에서 기업과 국가 경영의 묘약으로까지 활용되고 있는 것이 세계의 추세다. 한국의 기업이나 정부는 이제 우리 국민의 극성스러운 감성적 특질을 축복받은 잠재력으로 적극적으로 발굴해야 한다.

앞으로는 이를 어떻게 발굴하고 조직화해서 국민의 보람된 삶, 나아가서는 국력으로 올려놓느냐로 눈을 돌려야 한다. 이미 대다수 국가들은 치열한 국제 경쟁에서 비교우위 분야에 힘을 쏟기 위해 선택과 집중이라는 전략에 공을 들이고 있다. 한국 역시 이러한 추세에 따라 선택과 집중에 관심을 쏟고 있다. 이를 한국인의 기질과 연계하여 보다 장기적이고 조직적이며 전략적인 연구가 요구된다.

우리 한국인은 풍부한 감성에서 발원된 풍류 기질, 강렬한 호기심과 동조정신, 감성과 속도 정신, 창조와 융합정신, 숭문정신이 남다르다. 1988년 올림픽이나 2002년

월드컵에서 세계를 놀라게 한 한국인의 집중력과 결집력은 한국인 특유의 기질이 자연발생적으로 폭발한 경우이다.

개인은 적성에 맞는 직업을 선택했을 때 만족도가 높아지면서 없던 능력이 생기고 능률도 오른다. 기업들도 해당 기업의 성격, 업무와 궁합이 맞는 인력을 뽑아 그들이 신나게 일할 수 있도록 할 때 화목한 기업문화와 경쟁력이 생겨날 것이다. 국가도 마찬가지로 국민 개개인의 기질에 맞는 교육체제와 특화산업을 육성하면 창의력도 품질도 경쟁력도 높아질 것이다. 그렇게 되면 국민의 삶에 대한 만족도가 높아지면서, 사회적 갈등과 불만도 저절로 수그러들 것이다. 국제적으로는 평화와 관용과 보람이 가득 찬 나라라는 평가도 얻게 될 것이다.

한국은 21세기를 주도할 디지털혁명의 물결을 누구보다 빨리 수용하면서 새로운 비약의 발판도 순탄하게 마련해 왔다. 기질적으로 다원사회에 걸맞은 창조성, 혼합력, 순발력, 속도감, 높은 교육수준 등이 한데 어울려 상승효과를 낼 수 있었기 때문이다.

한국인들만이 공유하고 있는 두드러진 기질은 분명 다른 나라의 그것과는 상당한 차이가 있다. 그렇다면 이 공통 기질을 산업과 연계해 볼 때 한국인의 적성에 가장 잘 맞을 뿐만 아니라 생산성 향상과 국민의 만족도를 높일 수 있는 산업은 무엇일까. 여기에는 남의 것을 벤치마킹해서 단시일에 쫓아가는 모방산업을 위시하여 감성산업·속도산업·접목산업·풍류산업·지식산업 등을 들 수 있다. 이들 산업은 모두 한국인의 다양한 기질이 종횡으로 함축된 것들이다. 이로 인한 역기능을 최대한 억제하면서 역동적 순기능을 극대화시킬 수 있다면 한국의 경쟁력은 놀라운 속도로 탄력을 받을 것이 틀림없다. 이를 위해서는 먼저 국민적 합의를 통해 궁합이 맞는 산업을 발굴해야 한다.

03 블루오션(Blue Ocean)

블루오션이란 경쟁이 심한 기존산업 영역인 레드오션(Red Ocean)에 반대되는 말이다. 동종업체끼리의 힘든 경쟁보다는 경쟁 없는 새 시장을 발굴하고 새로운 가치를 창출하자는 경영 전략이다. 그러나 블루오션이란 것도 따지고 보면 별다른 것이 아니다.

레드오션에서의 힘겨운 경쟁을 벗어나기 위한, 도피적인 이색발상일 뿐이다. 아무리 블루오션이라도 시간이 지나면 다시 레드오션으로 편입되고 만다. 따라서 블루오션 전략이 일과성의 반짝 발상으로 끝나지 않으려면 새로운 창의력이 부단히 솟아날 수 있는 창조적 환경이 뒷받침되어야 한다.

돌이켜보면 우리 한국이야말로 일찍부터 블루오션 전략에 눈을 뜬 나라이다. 한국의 정신문화는 전통적으로 중국의 유교철학에 바탕을 두어 왔다. 하지만 고지식한 대물림에 그치지 않고 퇴계와 율곡 등에 의해 중국도 못해낸 새로운 경지를 개척해 냈다. 고려시대의 상감청자는 전통적인 중국의 도자기 제조방식에서 벗어난 새로운 블루오션 전략에서 나왔다. 추사 김정희는 청나라의 명필 옹방강 밑에서 얻은 경험을 바탕으로 서예 종주국의 명필들도 오르지 못한 '어린아이의 천진난만한 글씨' 의 세계를 새롭게 개척했다.

이렇게 한국인은 무엇인가를 받아들일 때 자신의 것을 혼합하거나 융합하여 자신만의 창의성을 드러내 보인다. 바로 '융합과 창조' 의 능력이다. 삶을 통해 부단히 경험한 것을 메타포에 의해 자신의 것으로 체화하는 융합 능력, 비빔밥처럼 혼합해 새로운 가치를 만들어내는 능력이 바로 그것이다. 한국인이 자신의 능력을 제대로 발휘한다면 진정 21세기의 주인공이 되어, 창조적 영감이 넘치는 영원한 블루오션을 항해하게 될 것이다.

04 모여들고 찾아드는 나라

재능 있는 한국의 젊은이들이 둥지를 틀고 창의력을 꽃피우게 될 것이며, 서구 문화의 한계를 뛰어넘을 보석 같은 고유의 문화 명품을 만들어 낼 수 있을 것이다.

국제 사회에서 '국가는 지는 해, 민족은 떠오르는 해' 라는 화두가 유행한 지 오래다. 국가는 국토로 구분하고, 민족은 문화로 경계가 그어지는데, 무엇보다도 문화의 중요성을 강조한 말이다. 국경은 사람과 물자의 유통을 얼마든지 가로막을 수 있지만, 문화는 무형의 가치이므로 인위적 구속이나 제한이 어렵다. 더구나 오늘날은 고도의 정보통신망이 세계를 덮고 있어 문화 전파속도가 빛의 속도처럼 빠르다. 그로 인해 국경은 해체의 징후가 무르익어가는 데 반해, 문화의 중요성과 영향력은 점점 커지고 있다. 나라 안에 국민들을 가두어 두는 시대가 끝나 가므로, 이제부터는 문화적 소속감으로 사람들이 스스로 찾아드는 나라 만들기에 정성을 쏟아야 할 때가 된 것이다.

옛날 중국의 춘추전국시대나 유럽의 르네상스 시절에도 지금 같이 거주지 이동이 자유로웠다. 이때 재능 있는 젊은이들이 둥지를 틀고 창의력을 꽃피우며 제자를 길러낼 만한 환경을 구축한 나라는 번성했다. 이탈리아 도시국가들이 해당된다. 그중에 피렌체의 메디치가(家)는 문화예술에 대한 남다른 집념으로 투자, 인재 육성, 부의 사회 환원 등으로 국민적 지지를 받아 300여 년 간의 영화를 누릴 수 있었다.

문화콘텐츠의 중요성이 대두되면서 지금 많은 나라, 많은 기업들이 안정적인 문화시장 확보를 위해 총력을 기울이고 있다. 한편에서는 편협한 지역 문화를 벗어나 세계 모든 나라 사람들의 구미에 맞는 세계 문화로서의 보편성을 맞추려고 애를 쓰고 있다. 다른 한편에서는 자신만의 독창적인 문화를 통한 차별화로 블루오션을 확보하려고 안간힘을 쏟고 있다.

우리나라는 어느 나라보다 세계 문화로서의 동질화 추세에 놀라운 적응력을 보이는 나라다. 인터넷 활용도 1등 국가에다, 수출 의존적 무역구조 때문에 사회개방도 속도를 낼 수밖에 없다. 그러다보니 젊은 세대들이 세계화의 선도 세력이자 열광적 지지 계층이 되면서 자신의 뿌리를 잃어가는 걱정스러운 사태가 생겨나기도 한다.

한 세기 전에 하이데거는 '현대인은 고향을 상실했다'고 했다. 실제로 현대인은 고향에 대한 뼈저린 향수나 귀속의식을 잃어가고 있다. 애틋한 그리움을 불러일으키는 고향이라는 정신적 구심체가 없어졌기 때문이다.

서울 시민의 20%가 해마다 이사를 다니고, 많은 사람들이 벌집 같은 아파트에서 태어나 어린 시절을 보낸다. 이제 더 이상 현대인의 고향은 애틋한 그리움을 불러일으키는 정신적인 구심체가 되지 못한다. 고향을 등지고 국적마저 바꾸어도 가책에 시달리지 않게 되었다. 이런 징후는 신세대일수록 더욱 심각하다. 이 때문에 한국의 젊은 세대는 한국만이 지닌 독창적 문화를 잊고 살아왔다. 서구 문화에 익숙해져 있어, 자신의 뿌리가 담긴 문화에 대한 애착이나 긍지는커녕 이를 하루 빨리 청산해야 할 유산인 듯 잊고 싶어 하는 경향마저도 있다.

그러나 문화란 그 지역 사람들이 오랫동안 살아오면서 자연 및 문화 환경에서 축적된 경험이 유전적으로 체질화된 것이다. 선조로부터 계승된 유전인자에 새로운 학습과 경험, 가치관이 더해지면서 그 문화는 더욱 풍요로워진다. 더욱 다양화되고 고급화되면서 강력한 내성을 지니게도 된다. 유감스럽게도 오늘날 세계 문화는 서구 문화를 그 원류로 해서 굳어진 것이다. 서구인들이 기술경쟁에서 우위에 있다 보니, 여기에 묻어 온 그들의 문화도 덩달아 우월한 문화로 자리 잡아 버린 것이다. 서구 문화를 자연스럽게 접한 한국의 청소년들은 정신과 관습마저 서구 문화에 동화되어 자칫 국적 잃은 '문화적 미아'가 될지도 모른다.

그렇게 될 경우, 우리 젊은 세대의 창조적 영감은 한계에 부닥칠 수밖에 없다. 서구 문화의 탄생지에서 자기들의 고유문화를 계승해 온 서구 젊은 세대들과 경쟁을 하기는 어렵기 때문이다. 그보다는 먼저 우리 젊은 세대들에게 자신의 정신적 고향인 한국문화의 뿌리를 찾아 그곳에서 결코 마르지 않을 창조적 영감의 길을 터주어야 한다. 그래야만 재능 있는 한국의 젊은이들이 둥지를 틀고 창의력을 꽃피우게 될 것이며, 서구 문화의 한계를 뛰어넘을 보석 같은 고유의 문화 명품을 만들어 낼 수 있을 것이다.

대부분의 사람들은 자신이 원하는 삶의 방식에 호기심을 느낀다. 또한 뜻을 펼치기 쉽고, 경제적 문화적 성취도가 높은 곳에 관심을 갖는다. 그러다보니 국민국가 중심의 공동체는 쉽게 해체될 위기에 처했고, 지구촌은 하나의 경제, 하나의 문화공동체로 통합될 수밖에 없을 것이다. 현재 세계화는 지구촌의 거역하기 힘든 추세로 자리 잡게 되었다. 지구촌 문화의 중심에 한국이 설 수 있도록 해야 할 것이다.

05 한국인의 여가 문화

창의력이 없으면 발붙일 수 없다는 21세기가 20세기적 라이프 스타일을 벗어나 이제 본격적으로 그 특성을 나타내고 있다.

주 5일 근무제가 자리 잡으면서 직장문화, 생활문화에도 변화가 일어나고 있다. 처음에는 시간에 쫓기고 인건비에 시달리고 있던 중소기업들의 불평이 자자했다. 대기업들도 별로 달가워하지 않았다. 그러나 주 5일 근무제가 정착되면서 기업이나 공·사조직들의 근로관습에 생각지 않았던 장점들이 생겨나게 되었다. 각 조직들이 업무 강도를 높이고 거품을 빼면서 좀 더 능률적인 관리체제를 갖추기 시작했다.

지금까지 한국의 직장인들은 인생의 대부분을 직장에 헌신하며 살아왔다. 야근은 물론 일요일마저 반납하면서 가정과 사생활은 포기하고 사는

것이 당연시되기까지 했다. 그러나 주 2일의 휴무기간은 직업인의 생활리듬을 크게 흔들어 놓았다. 구성원 각자가 자기개발에 눈을 돌리면서 조직의 잠재력이 높아지기 시작했다. 하숙집같이 단조롭던 가정생활에 활기가 돌면서 그 파급효과는 직장문화에 순기능으로 작용하게 되었다.

프랑스 경제학자 존 프라스티에(J. Fourastie)는 현대인의 시간설계로 유명하다. 그는 인간의 평균수명을 80세로 잡았다. 80년을 시간으로 환산하면 약 70만 시간이 되는데, 그는 이 70만 시간의 사용내역에 대해 여가 37만 시간, 수면 및 생활준비기간 29만 시간, 생산 4만 시간으로 나누었다. 다소 황당한 분류같이 보이지만 나름대로 설득력을 가지고 있다.

실제로 80평생 중에 생산시간이 4만 시간에 불과하다면 하루 평균 1.4시간만 일하고 나머지는 놀고먹으며 산다는 결론이 나온다. 그러나 태어

나서 취업 때까지의 기간과 정년퇴직 후의 긴 은퇴생활을 제외한다면 실제 근로시간은 30년 밖에 안 된다. 이 기간을 평생근로시간으로 환산하면 하루 평균 5시간 이상을 일하는 꼴이 된다. 조금도 무리한 계산은 아니다.

그러나 깊이 걱정해야 할 부분은 30년 동안 일해서 80년을 먹고살려면, 노동의 생산성을 얼마나 획기적으로 올려놔야 하느냐이다. 프라스티에는 시간설계 중 가장 긴 시간을 여가에 할애했다. 우리는 흔히 여가란 쉬는 시간, 노는 시간, 남는 시간으로 여겨 왔다. 하지만 그는 여가를 창조력의 원천이 되는 아주 값비싼 생산요소로 보았다. 창조적 지식사회가 열리면서부터는 그의 견해가 옳다는 것이 증명되고 있다.

앞으로의 여가란 노동의 질을 향상시켜 상품의 부가가치를 높이는 것은 기본이고, 개개인의 정신건강과 공동사회에서의 원만한 협력관계를 유지하는 자양분이 될 것이다. 여가란 스트레스에 쫓기면서 살아온 사람에게는 가뭄 속의 단비와 같은, 심리적 해방감을 만끽시켜 주는 시간이다. 이때 맛보는 정신적 자유는 사물에 대한 호기심과 의욕, 분발의 텃밭이 된다. 편안한 숙면이 다음 날의 기분을 호전시키고 일의 능률을 올려주듯이, 편안한 여가는 고단한 인생사에 시달려 살아갈 수밖에 없는 현대인에게 삶의 보람과 생기를 함께 주는 청량제 구실을 한다.

인류사를 바꾸어 놓을 만한 발명이나 발견, 철학 등은 주로 절실한 사회적 필요와 다채롭고 풍부한 상상력이 맞물려 탄생해 왔다. 10여 년 전까지만 해도 우리 한국인에게 여가란 일종의 사치였다. 어쩌다가 얻은 짧은 여가는 정신없이 먹고 노는 데 다 써버렸다. 창의력 개발이나 정신력을 강화하는 데 눈을 돌릴 겨를이 없었다.

그러나 이제는 달라졌다. 하루 노동시간도 줄어들고 개인 휴가일 수도 늘어났다. 그리고 인터넷이 활성화되고 엔터테인먼트 산업이 번성하면서 다양한 콘텐츠들이 세계의 이목을 끌고 있는 것은 한국인의 타고난 창의적 잠재력이 살아나고 있는 증거이다.

이는 또 국가나 기업이 구성원의 창의력 개발에 본격적으로 뛰어들 때가 되었음을 의미한다. 그리고 한국이 여유롭게 주위를 돌아볼 수 있게 되었음을 의미한다. 창의력이 없으면 발붙일 수 없다는 21세기가 20세기적 라이프 스타일을 벗어나 이제 본격적으로 그 특성을 나타내고 있다.

유형의 자원보다는 무형의 인적 자원과 독특한 기질을 보유한 한국은 이제 성장의 기회를 맞이하였다. 3면이 바다로 열린 한국은 이제 세계의 한복판을 향하여 신명나게 춤추며 날아갈 것이다.

06 변화무쌍한 21세기

우리 주변에는 아직도 빛을 보지 못한 무수한 무형예술품이 흩어져 있다. 또 방대한 역사적 사료들이 서고에 묻혀 있다. 이를 발굴하여 한국의 문화적 자산으로 거듭나게 해야 한다.

개성적 정서를 지닌 전통문화는 쉽게 만들어지지 않는다. 역사 속에 묻어 있는 의식을 살려내야 하며, 과거 현재 미래가 연결된 사랑받는 브랜드로써 사람들의 마음 속 깊이 자리 잡고 있어야 한다.

사실적인 역사 위에 현대적인 가공의 세계를 입힌 팩션(Fact+Fiction)이 인기를 끌고 있는 것도 이런 이유 때문이다. 그러자면 전통문화에 대한 시각변화가 필요하다. 우리 대부분은 전통문화는 곧 구세대문화라는 선입견을 가지고 있다. 이 선입견을 탈피하기 위해서는 사라져가는 전통문화유산의 채집과 복원, 집대성을 위시하여 전통문화의 현대화 작업이 체계적으로 추진되어야 한다. 최근 〈선덕여왕〉이라는 팩션 드라마가 성공함으로써 전통문화가 구세대 문화라는 선입견이 점점 사라지고 있다는 것을 알 수 있다.

또한 전문인력 양성, 그중에서도 한국문화의 격을 높이고 세계인의 공감대를 이끌어낼 뛰어난 기획자들을 많이 양성해야 한다. 그때 비로소 우리는 모방의 한계를 극복하고 질 좋은 문화콘텐츠의 '마르지 않는 샘' 을 얻게 될 것이다.

문화산업은 인간의 감성을 대상으로 한 산업이다. 문화적 이질감이나 신뢰성에 금이 갔을 때, 시장이 받는 타격은 커질 수밖에 없다. 우리 주변에는 아직도 빛을 보지 못한 무수한 무형예술품이 흩어져 있다. 또 방대한 역사적 사료들이 서고에 묻혀 있다. 이를 발굴하여 한국의 문화적 자산으로 거듭나게 해야 한다.

전통문화의 발굴과 활용은 물론이고, 민족문화의 뿌리를 살찌게 할 보다 적극적인 재현작업에도 공을 기울여야 한다. 그것으로 국민적 꿈을 하나로 끌어올리고 세계를 발전시킬 힘으로 만들어야 한다.

07 교육개혁 – 선진국으로 가는 결단

정부가 직접 나서서 국가차원의 대담한 대학체질개선으로 양질의 인력 양성에 팔을 걷어붙여야 한다. 그래야만 국가의 선진화를 기대할 수 있을 것이다.

한국은 정부와 사회 각계각층에서 교육개혁의 필요성을 절감하고 있다. 그러나 한국은 자유경쟁과 시장경제를 우선시하는 나라인데도 불구하고 교육에서만은 정부가 독점권을 행사, 자유경쟁을 일방적으로 제한하고 있다.

우리의 교육도 바뀌어야 한다. 우선 선진국이 달려가고 있는 교육개혁의 대세를 수용한다면 아마도 한국 교육은 큰 모험 없이도 탄력을 받아 경쟁력을 길러갈 수 있을 것이다.

2007년 중앙일보 취재팀은 미국의 일류대학인 아이비리그 8개 대학과 스탠포드, MIT, UC버클리 등 11개 대학의 실태를 조사했다. 이곳에는 3,223명의 한국 학생이 유학중이었다. 그들이 한국을 떠난 이유는 '한국 대학은 획일적이고 양 위주의 교육풍토에 젖어 있어 창의적 성과나 리더십을 키워주지 못하고 있다. 그래서 세계 일류의 꿈 실현을 위해 유학을 선택했다'는 것이다.

한국개발원(KDI) 보고서(2007.11)에도 '해외유학이 급증하는 것은 공교육이 수준 높은 교육을 원하는 소비자의 욕구를 충족시키지 못하기 때문'이라며 '교육을 살리려면 정부가 손을 떼고 대학에 학생 선발의 자율권을 주라'고 주문했다.

"대학은 학문하는 곳이므로 당연히 훌륭한 학자가 있어야 한다. 따라서 대학들은 훌륭한 학자들을 초빙하는 데 총력을 기울여야 한다. 그런데 한국의 대학과 정부는 건물 짓고 학생 뽑는 데에만 골몰하고 있다"며 세계적인 뇌 과학자인 조장희 박사도 한국의 이상한 대학 문화를 비판했다.

국제경영개발원(IMD) 조사에 의하면 조사대상 60개국 가운데 한국 대학의 경쟁력은 2004년에는 59위, 2005년에는 52위에 불과했다. 바닥을 기고 있는 것이다. 한국의 국가경쟁력이나 무역규모, 1인당 국민총생산을 따져봤을 때 대학경쟁력은 형편없는 수준에 이른다.

이런 현실 속에서 경쟁력 있는 지적 산물이 생겨나기는 힘들다. 과학기술정책연구원이 조사한 세계 최고기술 보유 건수 통계에 의하면 미국은 207만 2천 건, 일본은 146만 9천 건, 중국 43만 1천 건, 영국 18만 6천 건에 이르고 있다. 그런데 한국은 고작 3만 건에 불과하다.

기술 입국의 기치를 내건 한국이 중국의 14분의 1, 일본의 50분의 1, 미국과는 무려 70분의 1 수준 밖에 안 되는 기술후진국으로 밀려나 있는 것이다. 한국경영자총협회가 조사한 '대졸 신입사원 재교육현황'에서도 국내 대학교육의 부실이 기업경쟁력에 심각한 영향을 주는 것으로 지적되고 있다.

'우리나라 대학 교육이 기업부담을 심화시키고 있다. 이로 인해 대기업의 경우 채용 후 실무투입에 이르기까지 소요되는 재교육시간은 평균 2년 6개월, 재교육비용은 1인당 1억 원 이상이 드는' 것으로 나타났다.

세계 일류기업들은 자체 연구개발 비중을 줄이면서 전체 연구개발 물량의 40% 이상을 대학에 맡기고 있다. 이는 대학의 전문성이 높고 연구 성과에 대한 신뢰가 쌓여 있기 때문이다. 그러나 우리나라에서의 산학 협력은 아직 활성화가 되어 있다고 볼 수 없다. 몇몇 대학을 제외하고는 대학의 질이 떨어져 있어 일을 믿고 맡길 수 없다고도 한다.

실제로 한국의 대학교육 예산은 GDP 대비 0.43%에 불과하다. 미국 2.7%, 일본 1.1%에 비해 열악하기 짝이 없다. 교수 당 학생 수도 선진국보다 2~3배 많다. 이런 열악한 상황에서도 한국은 세계 11위권 경제대국으로 부상했다. 이는 한국인의 교육열과 기업이 함께 노력한 덕분이다. 그러나 여기에는 한계가 있을 수밖에 없다. 이제는 정부가 직접 나서서 국가차원의 대담한 대학체질개선으로 양질의 인력 양성에 팔을 걷어붙여야 한다. 그래야만 국가의 선진화를 기대할 수 있을 것이다.

여기서 얻은 대학 경쟁력은 국가 경쟁력 향상 외에 다른 성과도 거둘 수 있다. 한국 엘리트의 활발한 국제진출이 활성화되면 우리나라의 국제적 위상도 눈에 띄게 높아질 것이기 때문이다.

08 다원화 사회 교육

다원사회에서는 어느 선생도 광범위한 지식의 전수자가 될 수 없다. 그보다는 학생들의 적성과 잠재력을 찾아, 바람직한 진로를 찾아주는 상담자로 변신하는 것이 바람직하다.

산업사회에서의 학교교육은 대량생산에 유리하게 짜여져 있다. 따라서 교육방식의 표준화와 엄격한 집체 교육이 강조되었다. 그래야 일사불란하게 능률을 올릴 수 있기 때문이다. 그러나 이와 같은 강제된 교육체제는 창의적이고 개성적인 교육이라고 할 수가 없다.

"나는 두 번 다시 어린 시절로 돌아가고 싶지 않다. 아이들이란 어른들이 시키는 대로 하게 된다. 아무것도 모르고 어디로 가는지도 모르고 매사에 무기력한 존재였다."-야스퍼스

"내가 체험한 바로는 공부란 학교에서나 가정에서나 개인의 특질을 없애기 위해 행해지는 것이었다."-카프카

"초등학교 선생님은 하사관 같고, 중고등학교 선생님은 장교와 같았다."-아인슈타인

뛰어난 영재들 중에는 이런 숨 막히는 학교생활 대신 독학을 선택하거나 부모 또는 가정교사에 의해 재능을 살려낸 경우가 많다. 버나드 쇼나 거슈윈은 15살에 학교생활을 포기했다. 헤밍웨이는 고등학교 때 학교생활을 접었고, 에디슨은 초등학교를 중퇴했다. 링컨이 학교에서 받은 교육이라고는 1년도 채 안 된다.

현대 사회는 다원화된 지식사회이다. 새로운 국제환경에서 선도국가가 되려면 기존의 교육제도나 인재양성 체제로는 불가능하다는 데 많은 선진국들이 공감하고 있다.

미국에서는 정부가 나서서 영재교육법(1988)을 제정하는 등 영재교육에 심혈을 기울이고 있다. 영재를 얼마나 보유하느냐에 따라 국가의 미래가

결정된다고 보기 때문이다. 이를 통해 50개 주 모두가 영재교육을 의무화하고, 유명대학의 영재교육센터와 공사립학교와도 연계하여 효율적인 교육방법을 공급하고 있다.

우리도 교육제도 개혁이란 이름으로 몇십 년 동안 변화의 시도를 반복해 왔다. 그러나 국민이 공감하는 최선의 제도가 선보인 적은 없었다. 한국을 방문한 앨빈 토플러도 "한국이 세계를 이끌려면 현재의 교육시스템에 변화가 필요하다. 다양성이 더 필요하다고 본다"고 우리의 문제점을 지적한 바 있다.

정부는 지금 국제경쟁에 필요한 영어교육, 입시제도 개편, 대학자율화 원칙 등 야심적인 정책들을 내놓고 있다. 그러나 교육의 틀을 바꾸려면 기존체제의 보완 수준이 아닌 좀 더 획기적으로 틀을 바꾸는 결단이 필요하다. 아무리 일류대학이라도 날로 복잡하고 다원화된 현대 사회의 지적 욕구를 충족시키는 데는 한계가 있다. 그 많은 학과와 교수를 순발력 있게 다 갖출 수 없기 때문이다. 따라서 이제는 서울과 지방, 세칭 일류와 이류 대학끼리도 새로운 형태의 개방된 교육공유체제를 시험할 때가 되었다. 그 대표적인 대안이 온라인 교육이라고 할 수 있다.

우리는 세계 최고수준의 온라인 교육환경을 갖춘 나라이다. 이 장점을 잘 활용하면 대학 간 교육격차를 줄이고, 전반적인 교육의 질을 한 단계 높이는 교육 선진국이 될 수 있다. 개방된 지식사회에서는 모든 학생이 같은 시간에 함께 모여 집체 교육을 받을 필요가 없다. 온라인 교육으로도 양질의 교육을 공유할 수 있고 다양성을 최대한 살려낼 수도 있다. 이미 한국은 2001년부터 온라인 강좌를 통한 과정 이수만으로 학위 수여가 가능한 ‘사이버대학’이 등장했다.

2006년 현재 온라인 교육사업자 수만도 621개소에, 시장 규모만도 1조 6177억 원에 이른다. 이는 사회적 수요가 점점 커지고 있음을 의미한다. 우리 대학들도 사회적 대세를 좇아 사이버교육을 정규 교육과정으로 수용하는 등 온라인과 오프라인 혼합 강좌를 통해 다원화 교육에 대한 갈증을 풀 수 있다. 그렇게 되면 누구나 방에 앉아서 세계적 석학의 식견을 쉽게 접할 수 있고, 교육 소외계층의 학력을 높일 수 있는 평생교육의 길도 넓게 열리게 될 것이다.

새로운 교육제도 아래에서는 선생의 역할도 바뀌지 않을 수 없다. 다원사회에서는 어느 선생도 광범위한 지식의 전수자가 될 수 없다. 그보다는 학생들의 적성과 잠재력을 찾아, 바람직한 진로를 찾아주는 상담자로 변신하는 것이 바람직하다.

자아실현의 기회를 만난 사람이 많은 곳에는 범죄자가 되거나 사회부적응으로 고생하는 사람이 훨씬 적다. 이것은 직업을 갖거나, 나아가 조직구성원이나 국민으로서의 충성도가 높아지는 것을 의미하며, 질 좋은 다양한 전문인력의 확보와 함께 밝고 건강한 사회 건설도 함께 이룬다는 것을 의미한다. 또한 국가는 사회비용을 줄이는 경제적 효과까지 거둘 수 있으니 더 이상 바랄 게 없을 것이다.

09 이질문화 극복 교육

한국이 선진국 진입을 바란다면 이질 문화권 국가들의 호응과 이해 없이는 불가능하다. 수출만이 국부의 절대조건이 되고 있는 한국의 경제력은 해외로부터 나오기 때문이다.

미국의 심리학자 로렌스 콜버그는 말했다.

"자신이 다른 사람에게 도덕적으로 어떻게 대우받느냐에 따라 도덕적 실천력이 형성된다."

그런데 우리 교육은 공동체 속에서, 나와 다른 사람이나 꼴찌와도 함께 어울리는 포용교육, 실천교육이 매우 빈약했다. 지난 반세기 동안 우리 사회를 지배해온 흑백논리만이 무수한 갈등을 증폭시켜 왔을 뿐이다. 중간은 회색분자로 비난의 대상이 되었다.

그러나 지금은 다양한 문화, 다양한 가치가 공존하는 글로벌사회이다. 이제는 자라나는 학생들도 다양한 문화접촉을 통해 갈등을 풀고 적응력을 기르는 훈련이 절대적으로 필요해졌다. 근래 들어 우리 청소년들의 조기 유학이 폭발적으로 늘어나고 있지만 현지에서 적응하지 못해 상처만 입고 되돌아오는 학생도 많다. 해외에 진출한 한국 기업들 역시 늘어났지만 현지문화에 대한 적응 실패로 도산한 예가 적지 않다.

외교정책도 마찬가지이다. 국제정치에 대한 해박한 지식과 안목만으로는 산적한 갈등이나 현안 문제가 저절로 풀어지지는 않는다. 여기에도 풍

부한 경륜을 지닌 외교 전문가가 있어서 상대국가의 외교풍습이나 국민정
서를 제대로 읽을 수 있어야 유리해진다. 사소한 말 한마디나 행동거지에
서도 상대방을 배려하는 문화적 동질감이 느껴진다면 친밀도는 높아진다.

인간이란 묘한 심리를 가지고 있어서, 아무리 같은 언어권이라도 문화
적 저항이 느껴지는 대상에게는 쉽사리 마음을 열지 않는다. 더군다나 남
의 나라에 가서 장사를 벌이는 사업가들의 경우, 현지인의 마음을 사로잡
지 않고서 어떻게 성공을 기대할 수 있겠는가.

그런데도 우리는 현지 언어만 익히면 어떤 일을 맡겨도 다 할 수 있는
것으로 안다. 제품만 잘 만들어 놓으면 어디서나 저절로 팔려나가는 줄 안
다. 지금 세계는 FTA바람이 거세게 불면서 시장 단일화 추세, 매체 홍수
의 위력이 날로 커지고 있다. 이제는 어느 곳에서나 선택의 폭이 넓어졌
다. 이는 곧 수요자의 감성적 친밀도 여하에 따라 시장은 얼마든지 변덕을
부린다는 것을 의미한다.

그런데도 웬만해서는 잘 바뀌지 않는 것이 있다. 그것은 바로 오랜 세월
속에서 익혀진 문화관습이다. 이를 무시하고, 원론적인 당위성이나 합리
성만으로 상대방의 생각을 바꾸려 든다면 값비싼 대가를 치러야 한다.

몇 년 전 우리 학계에서 '이문화(異文化)'에 관한 국제학술대회가 열린
적이 있다. 그때 외국인 발제자 중 한 기업인은 '한국 경제가 국제 경쟁력
을 가지려면 세계의 다른 문화에 대한 관심을 갖고 이해하는 자세를 보여
야 할 것'이라고 강조했다.

우리나라에는 아직 이와 같은 문제를 전담하는 교육기관이나 연구기관
이 없다. 전문 강사요원이 될 만한 인재도 거의 없다고 여겨진다. 오래 전

부터 우리 교육체제에는 이런 과제가 끼어들 틈이 없었기 때문이다. 그러다 보니 우리 학생들은 객관화된 지식의 흡수에는 능숙하나 논리적인 비판의식이나 응용력은 형편없는 수준이 되었고, 이런 성향은 기업과 사회단체, 사회 구성원 모두에게 그대로 이전되고 있다. 한국의 자랑할 능력인 메타포보다 맵핑에 의해 지식을 소유하는 데만 급급했기 때문이다.

앞으로는 각 나라의 전통문화와 가치관, 관습, 생활매너, 종교, 문화적 터부 등 다양한 문화적 특성을 이해할 수 있도록 국가 차원의 노력이 필요하다. 국가에서는 초·중·고·대학에서 필수과목으로 채택하는 것은 물론, 외국 유학 지망생, 외국여행자, 기업인, 해외 이민자들도 꼭 이수해야 할 필수과정으로 자리 잡도록 해야 한다.

한국이 선진국 진입을 바란다면 이질 문화권 국가들의 호응과 이해 없이는 불가능하다. 수출만이 국부의 절대조건이 되고 있는 한국의 경제력은 해외로부터 나오기 때문이다. 또 강대국에 둘러싸인 우리의 입지를 강화하기 위해서라도 우호적 대외관계 구축은 필수적인 생존전략이 될 것이다.

10 다양한 접목기술

경쟁력 제고의 묘방으로 '섞어 문화'의 한국인 기질을 발휘하여 각 기업은 다양하면서도 독특한 비빔밥을 만들어 낼 수 있을 것이다.

"드라이브 샷이 250야드 나가는 사람이 10야드 더 내려면 근육이나 손목의 힘 그리고 목 힘이 달라져야 한다. 아이언을 처음 치는 사람이 50야드 내려면 아주 쉽다. 그러나 150야드에서 160야드로 10야드 더 보내기란 제로에서 100야드 보내는 것보다 더 힘들다."

삼성 이건희 회장의 말이다. 이제 우리 기업도 제품의 기능을 개선하는 것만으로 경쟁을 키우려는 안이한 발상으로는 미래를 장담할 수 없다. 그보다는 참신한 발상전환으로 새 환경에 맞는 새로운 기술개발에서 탈출구를 찾아야 한다.

그러나 원천기술이 취약한 한국 산업계에서 이런 기술을 만들어내는 일이란 무척 힘겹다. 그렇다면 한국 기업들은 어떻게 험한 국제경쟁의 벽을 헤쳐갈 수 있겠는가. 원천기술 개발에는 막대한 돈과 시간, 인력이 필요하다. 그러고도 세계를 앞서 갈 수 있다는 보장이 없다. 그렇다고 손 놓고 기다릴 수는 없는 일이다.

현재 상황에서 선택할 수 있는 최선의 길은 기존의 기술들을 순발력 있게 접목시켜 기능적인 활용도를 높이는 것이다. 세계 시장은 지금 기업·상품·기술·서비스들의 다채로운 접목시대라 할 만큼 활발한 교류·협력·융합·합병운동이 전 분야에서 맹렬하게 일어나고 있다. 정보사회가 본격화되면서 무수한 개별기술들과 독립상품들이 경계를 풀고 통합과 협력시스템으로 체질을 바꾸고 있는 중이다.

그중에서도 가장 눈부신 기술접목으로 경쟁력을 높이고 있는 곳은 전자기기 분야이다. 동종기계 간은 물론 카메라와 휴대전화, 인터넷전화, 지상파멀티미디어방송(DMB), MP3, TV, PC 등이 단일기능에서 복합기능으로 합쳐진 디지털컨버전스(Digital Convergence) 제품은 한국산이 세계 시장을 선도하고 있다. 이런 접목상품에 대한 한국 기업의 순발력은 이미 해외시장에서도 진가를 나타내고 있다.

LG전자는 중동지역을 겨냥한 '대추야자 냉장고'를 판매하여 출시 4개월 만에 20만 대 이상의 매출을 올렸다. 이 냉장고는 중동지역 사람들의 기호식품인 대추야자를 영하 25도로 급냉각할 수 있는 기술이 담긴 제품으로, 그들이 좋아하는 최적의 맛을 유지시키는 데 착안하여 만들었다.

또 휴대전화에 메카 방향을 가리키는 나침반 장치를 넣은 '메카 폰'은 이슬람권의 종교적 분위기를 제품 속에 접목시킨 것으로 대박을 터뜨리기도 했다. 이 밖에 대우 일렉트로닉스의 '자물쇠 냉장고', 대우의 '코란 TV'가 돌풍을 일으켰다. 그리고 비포장도로가 많은 인도의 특성을 감안한 충격완화장치를 강화시킨 현대 '상트로' 자동차는 소형차 시장에서 단숨에 2위로 뛰어올랐다.

이러한 접목 아이디어의 활성화는 정보통신 분야에서 시작된 것이지만, 점차 다른 산업에서도 '산업 컨버전스' 시대로의 붐 조성에 불을 댕기게 되었다. 이제는 자동차 분야를 비롯해서 금융·건설·방송 등 산업 전 분야에서 시장 확보를 위한 한계 극복의 처방으로 IT산업과의 융합에 가속도가 붙고 있다.

한국인의 타고난 접목 기질은 점차 다른 산업에서도 진가를 발휘하고 있다. 특히 현대 사회가 감성 사회의 특성이 강해지면서 소비자 욕구도 점점 고급스럽고 다양해지고 있다. 백인백색의 소비자가 다양한 감성의 만족을 요구하는 새로운 패러다임을 맞고 있는 것이다. 이것이 한국인에게는 충분한 가능성과 절호의 기회가 될 수 있다. 경쟁력 제고의 묘방으로

'섞어 문화' 의 한국인 기질을 발휘하여 각 기업은 다양하면서도 독특한 비빔밥을 만들어 낼 수 있을 것이다.

11 국가 경쟁력은 특화산업으로

개인이 적성에 맞는 직업을 선택하면 만족도와 능률이 함께 오르듯이, 국가도 국민의 기질과 궁합이 맞는 특화산업의 선택과 집중을 전략화할 때 그 국가의 경쟁력은 높아질 수밖에 없다.

우리나라 대학생의 60% 이상이 전공 학문이 자신의 적성과 맞지 않아 갈등을 겪고 있다고 한다. 여기에는 중요한 두 가지 문제점이 있다. 하나는 국내 교육제도, 또 하나는 사회적 쏠림현상(동조성)이 개인의 적성을 무시한 때문이다.

우리나라 고등학생들은 불행히도 개개인의 적성에 따라 대학 학과를 선택하기가 힘들다. 오로지 자신이 받은 점수에 맞는 곳을 찾아 기계적으로 대학과 학과를 맞추는 경우가 대부분이다.

언제부터인지 학교나 직장 등에서는 지능지수(IQ) 검사를 구성원의 능력과 적성을 찾아내는 도구로 많이들 활용하고 있다. 그러나 지능지수란 본질적으로 인간의 능력을 서열화하는 불평등논리 위에서 만들어진 것이다. 이런 풍조는 은연중 건강한 사회인들의 꿈과 희망을 꺾는 역기능을 하기도 한다. 그렇지만 국제 사회에서는 나름대로 공신력을 인정받고 있는 것이 사실이다. 산업사회에서의 대량생산 체제와 이를 위한 분업화 업무에서의 적응여부를 판단하는 데 상당한 효과가 있다고 보기 때문이다.

그러나 지금은 세상이 많이 달라졌다. 직종이나 하는 일이 다양하고 복잡해져서 성격 분류가 어려운 업무들이 계속 넘쳐나고 있다. 또 삶의 질이 강조되면서 많은 사람들은 직장이 생존을 위한 도피처로만 머물러 있기를 바라지 않는다. 직업이란 이제 생존수단이자 꿈을 펼칠 수 있는 자아실현의 장이 되었다. 그러니 이제는 부모나 교사의 역할도 일방적인 '진로결정자' 또는 '지식 전달자'에서 성실한 '상담자'로 바뀔 수밖에 없게 되었다.

이를 위해 근래에는 과학적이고 믿을 수 있는 새로운 진로 설정기법으로 감성에 초점을 맞춘 감성지수(EQ), 네트워크지수(NQ), 사회지능지수(SQ) 등등 다양한 평가제도가 생겨나 적성과 진로를 연계시키는 도구 역할을 하고 있다.

감성지수는 감성적 적응 여부를 나타내주는 새로운 잣대이다. 학력이나 지능보다 선천적 기질과 정서적 경험을 통해 바람직한 진로를 제시해준다는 점에서 그 활용가치는 매우 높다. 또 이는 모든 사람에게 각기 다른 잠재된 재능의 싹을 찾아내 꽃피우게 해주는 자아실현과 평등, 공존의 논리에도 부합되고 있다.

21세기는 창조와 문화의 세기이다. 그래서 감성 사회의 특성이 두드러지고 있다. 사회개방에 맞추어 다양한 분야에서, 다양한 재능을 가진 전문인력에 대한 수요도 엄청나게 늘어나고 있다. 여기서 특히 주목할 만한 사실은 아무리 개성이 다른 사람들이라도 동질문화권에서 함께 살다보면, 자신도 모르게 그 집단의 기질을 상당 부분 닮아간다는 사실이다. 한 가정

을 보아도 구성원의 개성은 제각각이지만 큰 눈으로 볼 때 이들은 '가풍'
이라는 고유의 특성을 공유하면서 그 안에서 각자의 개성을 발휘하고 있
다. 기업 문화도 마찬가지다.

이런 현상은 국가와 국민에게도 그대로 적용될 수 있다. 모든 국가들은
그 입지 조건이나 공동생활, 공동의 역사를 겪으면서 독자적인 국민성과
민족성을 갖게 된다. 개인이 적성에 맞는 직업을 선택하면 만족도와 능률
이 함께 오르듯이, 국가도 국민의 기질과 궁합이 맞는 특화산업의 선택과
집중을 전략화할 때 그 국가의 경쟁력은 높아질 수밖에 없다. 한국도 세계
한복판에 설 만한 경제대국이 될 수 있다. 이러한 풍조가 사회 전 분야로
퍼져 가면 사회적 건강도와 국민의 삶의 질도 덩달아 향상될 것이다.

12 유연한 이직(移職)문화 정착

우리의 전통적인 인정주의 정신을 잘만 살리면 폐쇄적인 조직문화의 벽을 허물
수 있다. 그때 우리는 지금보다 훨씬 많은 열린 사회의 세계 기업들을 가지게 될
것이다.

한국의 직장 문화는 좀 특이하다.

대다수 한국 기업에서는 한번 나간 사원을 다시 받아들이는 일이 아주
드물다. 한국은 직장 문화가 폐쇄적이어서 퇴사한 사람에 대해 관용이나
배려하는 마음이 희박하다. 명예롭게 퇴직한 사원들도 시간이 지날수록
서먹해지면서 단절의 길을 밟는 경우가 많다.

그 배경에는 뿌리 깊은 종적 인간관계의 오래된 관습이 큰 몫을 하고 있다. 보내는 사람은 해방감을 느끼는 반면, 나가는 사람은 공사 구분이 애매한 인정적 시혜를 기대하는 감성적 기질이 남아 있기 때문이다. 그러다 보니 무리한 청탁과 섭섭한 감정이 적대관계를 낳고, 조직에까지 큰 피해를 안겨주곤 한다. 이런 이유로 직장을 옮기는 행위는 전 직장에 대한 배신으로 낙인찍히는 일이 많다. 그런 만큼 전 직장의 기밀사항들도 무사하기가 힘들어진다.

그래도 투명한 기업문화가 자리 잡은 몇몇 기업은 회사와 퇴직자 간에 상부상조하는 시스템을 갖추기도 했다. 그러나 아직까지는 퇴직할 때 회사 기밀을 이용해 자기이익을 챙기거나 거래처를 가로채기도 하고, 자기가 몸담아온 직장을 비방하는 사람도 적지 않다. 이는 한국 기업이 투명성과 포용성이 부족한 원인도 있지만, 지나친 폐쇄적 집단 문화가 공존을 용납하지 못하기 때문이다. 이와 같은 문제는 현재와 같은 개방과 공존 협력 사회에서 생존을 가로막는 악습이라고 할 수 있다.

그에 비해 서구 사회의 직장 문화는 다르다. 다른 직장으로 떠났던 옛 동료가 다시 돌아오는 것에 상당히 관용적이다. 좁은 우물을 벗어나 폭넓은 외부환경을 경험한 점을 높이 사서 임금을 올려주는 사례마저 흔하다.

일본 역시 한국 같지는 않다. 일본에서는 퇴직자들이 전 직장의 거래처 명단을 가지고 나가더라도 전 직장과 적대적 사업을 벌이는 경우는 드물고, 전 직장도 이를 바꾸라고 강압하지도 않는다. 그보다는 "그동안 고마웠습니다"라는 반듯한 인사로 좋은 인상을 남기기를 원한다. 외국에서는 공식적 결론이 나면, 그 다음에는 페어플레이 정신에 따라 결과에 대한 승복 문화가 정착되어 있다. 이를 어겼다가는 국민 정서가 용서하지 않을 뿐 아니라, 그 사회에서 발붙이고 살기가 힘들기 때문이다.

그러나 우리는 역사적으로 당파싸움에서 얻은, 승자의 영광 뒤에는 패자집단의 멸망이라는 피해의식을 벗어나지 못하고 있다. 이에 따른 자위본능 때문인지 개인 이기심 못지않게 폐쇄적 집단이익 수호에도 목숨을 건다. 그 때문에 정치판이나 노사대립에서도 원칙이나 합의를 뒤집는 일이 종종 생긴다.

그러나 개방 사회에서는 약속된 규칙과 신용을 잃은 집단이나 개인은 강경한 제재를 피해 갈 수 없다. 장기 전략이 있고 국제적으로도 신용을 얻고 있는 기업을 보면, 안팎을 다지기 위해서라도 퇴직자와의 관계 개선에 상당한 투자를 한다. 10명의 신규 고객보다는 1명의 적을 만들어서는 안 된다는 교훈을 알기 때문이다.

이제 우리 직장 사회에도 재직자와 퇴직자를 한마당에 모으는 탄탄하고 광범한 공존네트워크 구성이 필요하다. 우리의 전통적인 인정주의 정신을 잘만 살리면 폐쇄적인 조직문화의 벽을 허물 수 있다. 그때 우리는 지금보다 훨씬 많은 열린 사회의 세계 기업들을 가지게 될 것이다.

13 지속성장의 길

정보 시대 이후의 세상은 감성 중심의 '꿈의 사회'가 된다. 한국도 앞으로는 한국적 가치의 뿌리를 찾아 숨어 있는 '이야기'들을 찾아내야 한다. 고유 역사와 신화, 전통문화 등이 바로 그 뿌리이다.

1990년대 초까지만 해도 한국의 문화시장은 너무 협소했다. 국내에서 생산하는 문화상품이라고는 안방용 TV프로그램이 고작이었고, 수출은 엄두도 내지 못했다. 한국 문화상품이 아시아 국가들의 주목을 끌게 된 것은 1990대 중반부터이다. 이때 아시아권에 한류 바람을 몰고 온 삼두마차는 드라마와 영화, 가요였다. 그것이 2000년대 들어서면서 문화콘텐츠 전반으로 확산되었다.

산업경제원은 한류의 통합적 경제효과를 45억 달러로 보고 있다. 삼성경제연구소는 한류 관광수입만 15억 달러로 평가하고 있다. 2004년에 한국을 다녀간 일본, 중국, 대만 관광객이 338만 명이고, 그중에 한류 관광객이 102만 명에 이른다. 현대경제연구원은 영화배우 배용준 효과만 10억 달러로 보고 있다.

한국문화콘텐츠진흥원 자료에 의하면 한국의 게임 · 영화 · 방송영상 · 애니메이션 · 음악 · 캐릭터 · 출판 등 문화산업 부문에서 2005년 수출 실적이 10억 달러를 넘어섰다. 이는 전년도보다 25% 증가한 수치이다. 더 거슬러 가면 한류 열풍이 본격화되던 2002년에는 5억 달러, 2003년에는 6.1억 달러, 2004년에는 8억 달러로 평균 20%대 이상의 수출 증가세를 보이고 있다. 영화에 관한 한 만성 적자국이던 한국이 2005년에는 수입이 전년도 6천만 달러의 1/3 수준인 2천만 달러로 줄어들어 영화수지 흑자국 자리에 올라서게 되었다.

음악도 1600만 달러(2004)에서 950만 달러로 수입이 감소되었다. 게임은 1억 6600만 달러(2004)에서 2억 500만 달러, 방송은 2800만 달러(2004)에서 5800만 달러로 증가했으나 무역 수지 면에서는 당당히 흑자를

냈다.

이러한 문화산업 무역 수지가 흑자 기조를 보인 결정적 요인은 한류 열풍 때문이다. 문화기술개선이나 품질향상 이상으로 한국 문화에 대한 감성적인 친밀감이 구매욕구로 작용된 때문이다.

이로 인한 경제적 파급효과는 문화수출 부문에만 그치지 않았다. 다른 제조업 수출에서도 엄청난 기여를 하고 있는 것이다. 이미 아시아권 전반에는 한국의 IT 제품, 한국 자동차 붐이 일고 있다. 한국음식과 화장품은 물론 의류 · 패션 · 미용 등에까지 수출 증대로 이어지고 있다. 이런 한류 붐은 구미사회에서도 비상한 관심의 대상이 되고 있다. 많은 민족들이 몰려 사는 미국에서의 한류 바람은 백인 사회로까지 확산될 기미를 보이고 있다. 이미 비(정지훈), 이병헌, 박진영, 원더걸스 등이 미국에서 활발한 활동을 하고 있다.

지난 2006년 1월, 미국에서는 세계 최대의 전자박람회 '2006 CES(Consumer Electronics Show)'가 열렸다. 여기에는 마이크로소프트, 인텔, 필립스 등 세계적인 전자업체 2,500여 사가 세계 110개국에서 몰려왔다.

한국 업체들은 디자인과 기술이 뛰어난 제품에 주어지는 '혁신상'을 휩쓸었고, 부문별로 주어지는 270여 개의 혁신상 중에서 10% 가량을 삼성전자와 LG전자가 차지했다. 업체별로 보면 삼성전자가 15개, LG전자가 11개, 필립스가 7개, 소니가 5개를 차지했다. 물론 우리 기업의 위성DMB폰, 지상파DMB폰 등 세계 최고 수준의 신제품이 많이 출품된 때문이기도 하지만, 한류 바람에 의한 우호적 분위기가 보이지 않는 후원세력이 된 것이다.

　한류 바람은 최근 몇 년을 전후해서 침체된 한국의 문화산업에 역동적인 활기를 불어넣어 주고 있다. 한류로 벌어들인 자금은 문화시장 확대와 양질의 콘텐츠 제작을 자극하는 등 한류 시장의 전망을 밝게 해주고 있다. 이로 인해 높아진 국가 이미지까지를 포함한다면 그 경제적 가치는 상상하기 힘든 거대한 무형자산이라고 할 수 있다.

　하지만 근래 들어 한류 열풍이 혐한류(嫌韓流)를 불러오는가 하면, 한국 문화산업이 매너리즘에 빠지는 등 창조적 잠재력이 메말라 가고 있다. 수출 둔화에 비해 수입은 늘어나는 무역역조 현상도 나타나고 있다. 이는 아직 한국의 문화산업이 뿌리가 약하다는 것을 의미한다. 이에 대해 미래하자 '롤프 옌센'은 이렇게 말했다.

　"정보 시대 이후의 세상은 감성 중심의 '꿈의 사회'가 된다. 한국도 앞으로는 한국적 가치의 뿌리를 찾아 숨어 있는 '이야기'들을 찾아내야 한다. 고유 역사와 신화, 전통문화 등이 바로 그 뿌리이다."

　우리의 전통문화가 한국만의 독특함을 창조하며, 서구 사회까지 한류의 열풍이 일어 한국을 지구촌의 리더 국가로 자리매김시키리라 믿는다.

14 한국 엔터테인먼트 산업의 성장 동력, 온라인 게임

한국 게임업체들은 세계 무대에서 선두주자가 될 자질을 갖추고 있다. 한국의 엔

터테인먼트는 창의성이 풍부하다. 특히 한국은 세계 어디에서도 유례를 찾을 수
없는 온라인 게임개발과 운영경험을 가지고 있다.

지난 2005년 11월 한국 최초의 국제게임전시회 'G스타 2005'가 막을
열었다. 여기에는 16개국 150여 업체가 참여하여, 일본의 '도쿄 게임쇼'
에 필적할 만한 성황을 이루었다. 이는 한국의 게임 산업, 게임 기술수준
이 선진국에 진입했음을 알려주는 신호이다. 특히 이날 기조연설을 한, 세
계적인 베스트셀러 온라인 게임 '스타크래프트'의 개발자 빌 로퍼는 한국
게임업체의 창의성을 높이 평가했다.

"한국의 캐주얼게임은 게임에 익숙지 못한 사람들을 게임 팬으로 만들
어 수익을 올리기 시작한 독보적인 사업 모델이다."

한국은 개발비가 많이 들어가는 온라인 롤플레잉 게임과 달리 적은 개
발비(20~30억 원)로 PC게임의 단조로움을 극복하고 온라인 게임의 특성을
접목한 새로운 형태의 캐주얼게임(테니스게임, 로봇게임 등)을 개발해냈다.
게임은 경쟁심, 모험심을 자극하여 성취감을 만족시켜주는 마력이 있다.
특히 IT기술을 활용한 최근의 게임들은 매우 사실적이면서도 환상적인 세
계를 연출하여 인간의 감성적 호기심을 높여준다. 거기에는 이야기가 있
고 영웅이 있으며 인간이 꿈꾸어온 이상세계가 담겨 있다. 영화나 소설,
방송드라마에서는 찾아볼 수 없는 고객의 참여 기회도 열려 있다.
이 게임들은 풍부한 감성, 속도감, 다채로운 상상력, 도전의식, 이기적

특성 등을 종합적으로 수용하고 있어, 한국인의 기질에 너무 잘 맞는다. 특히 온라인 게임은 초고속정보망이 확산되면서 그 보급 속도가 놀랄 만큼 빨라졌다.

동시 접속자 수가 200만 명이 넘는 '스타크래프트'는 네트워크를 통해 실시간으로 운영되는 전략 시뮬레이션 게임으로 고도의 두뇌와 민첩한 손놀림이 필요한 어려운 게임이다. 이 게임은 미국이 개발했지만 꽃을 활짝 피운 곳은 한국이다.

많은 온라임 게임 대회가 한국에서 열리고 있어, 한국은 외국의 온라인 게이머들에게 선망의 땅이 되었다. 한국에는 벌써부터 2억 원 연봉을 받는 젊은 프로게이머들도 생겨났고, 게임기획자 역시 인기 있는 직종으로 떠올랐다. 또한 전문 케이블방송이 생겨 실황중계방송을 해야 할 만큼 두터운 시청자 층이 확보되었다.

미국 마이크로소프트사는 한국 게임업체들과의 협력관계에 남다른 공을 들이고 있다. MS의 게임 부문 최고책임자 '셰인 킴'은 한국의 게임 산업을 이렇게 진단했다.

"한국 게임업체들은 세계 무대에서 선두주자가 될 자질을 갖추고 있다. 한국의 엔터테인먼트는 창의성이 풍부하다. 특히 한국은 세계 어디에서도 유례를 찾을 수 없는 온라인 게임개발과 운영경험을 가지고 있다."

그러나 온라인 게임시장은 아직 세계 게임시장의 10%대에 머물러 있다. 그러나 2008년부터는 20% 이상으로 뛰어오르면서 머잖아 세계 게임

시장을 주도해 나갈 것으로 전망된다. 한국의 게임시장은 2조 5600억 원 (2005) 규모이며 매년 30% 이상씩 성장하고 있다. 그중에도 온라인 게임 이 단연 선두에 서 있고, 모바일 게임도 가파른 상승세를 타고 있다.

이렇듯 한국은 온라인 게임의 종주국이자 최강국의 자리를 차지하게 되 었다. 세계 어느 나라의 온라인 게임이라도 그 성패는 한국 시장에서의 반 응으로 결정날 정도가 되었다. 한국의 인기 온라인 게임 중에는 회원수가 1천만 명이 넘는 것이 많다. 이런 현상은 한국 게임 산업의 가능성, 장래성 을 밝게 해주는 징후들이다.

그러나 한국은 아직도 게임 산업의 기반이 영화산업과 마찬가지로 취약 한 상태를 벗어나지 못하고 있다. 게임 강국의 입지를 굳히고 선발주자의 이점을 살려가려면 무엇보다 상상력이 풍부한 고급 개발인력이 체계적이 고 안정적으로 육성되어야 한다. 또 문제가 되는 점은 한국 게임 산업이 아직 중소기업 중심에서 탈피하지 못하고 있다는 사실이다. 이제는 정부 나 대기업들이 게임 산업의 유망성에 눈을 떠, 전략산업으로의 진출 의지 가 뒤따라야 한다. 모처럼 찾아온 이 기회가 일부 제한된 계층을 겨냥한 단순 놀이로 끝나서는 안 된다. 교육산업과의 접목 등 융합산업으로의 장 점을 살려나갈 때 게임 강국은 이루어질 것이다.

15 제품 속에 국가 정체성을

향후 국가 간, 제품 간 경쟁에서 승패를 좌우하는 것은 결국 문화 경쟁력이다. 제품 에 국가 정체성이 담기는 것이 개별 기업의 명성이나 제품의 질보다 중요하다.

파리 정치대학 기 소르망(Guy Sorman) 교수가 서울대학교에서 강연을 하면서 다음과 같이 말했다.

"이제 한국도 역동적인 국가 정체성을 제품에 담아 팔아야 한다. 프랑스 화장품이 비싸게 팔리는 이유는 간단하다. '문화=프랑스'라는 이미지가 투영되었기 때문이다. 향후 국가 간, 제품 간 경쟁에서 승패를 좌우하는 것은 결국 문화 경쟁력이다. 제품에 국가 정체성이 담기는 것이 개별 기업의 명성이나 제품의 질보다 중요하다. 독일 자동차는 견고함, 일본 자동차는 깔끔함을 연상시킨다. 맥도날드는 미국식 생활양식을 대변한 것이다. 선진국일수록 예술과 언어 등 문화정체성 보호에 적극 나서고, 이를 제품에 담고 있다."

유럽 등지에서는 한국의 삼성전자와 LG전자의 제품이 큰 인기를 끌고 있다. 그 이유는 소비자의 취향에 맞는 현대적 디자인과 뛰어난 기능 등 실용성 때문이다. 여기에다 소비자에 대한 신속하고 친절한 AS가 호감도를 높이는 데 큰 몫을 했다. 그러나 이것은 한국정체성과는 별 관계가 없다.

이들 제품에서 한국만의 색깔과 냄새를 찾기는 어렵다. 따라서 서구의 소비자들은 삼성이나 LG가 한국 기업이라는 사실을 모르는 사람이 의외로 많다. 제품디자인과 생산과정, 유통, 홍보 등 모두가 서구인의 입맛에 맞춘, 서구 스타일이기 때문이다. 단지 한국인의 순발력과 속도감, 역동성 등이 서구인의 구매 욕구를 자극해 시장을 넓혀가고 있을 뿐이다. 이는 서구 기업들이 따라 할 수 없는 한국인만의 문화적 특성이라고 할 수 없고, 이 방식으로는 충성도 높은 고객을 확보할 수가 없다.

그렇다면 한국 제품에 어떤 색깔의 정체성을 담아야 할 것인가. 그 명확한 해답은 전통문화에서 찾아야 한다.

한국인의 전통문화 속에는 의외로 완고한 정체성이 숨어 있다. 단지 한국인의 유연한 적응력이 이를 소리 없이 감싸고 있어 경직성이 잘 안 보일 뿐이다. 그 완고함 속에는 유교적 가치관과 전통 민속문화·무속신앙·평화주의·인간존중사상·민본사상·경로사상·풍류정신·자연주의 사상 등이 들어 있다.

따라서 외국인이 한국적이라는 특성을 제품 속에서 느끼게 하려면 먼저 한눈에 들어오는 한국적인 색깔을 담아야 한다. 이것이 곧 한국 전통문화의 현대적 재현이라고 할 수 있다. 우리는 외형적 유연성에서는 국제화가 되어 있다. 하지만 본질적 정체성은 가물가물한 모습으로 수면 아래로 가라앉아 잊혀져 간다. 한국의 정신문화는 지금 이념적 방임상태에 빠져 있다. 이것이 한국인의 동조정신에 기름을 부어 준 것도 사실이다.

그러나 뿌리 없는 산물은 유행처럼 나타났다가 소리 없이 사라질 뿐이다. 잠시 동안의 영화를 누릴 수는 있으나 긴 생명력으로 이어 갈 수는 없다. 우리가 세계 문화의 중심에 서려면 단순한 모방 단계를 벗어나 한국적 색깔과 냄새가 담긴 한국 고유의 생명을 심어야 한다. 그렇지 않고서는 외국 문화의 아류를 벗어날 수 없다.

한국 백자의 소박미나 청자의 은은한 비색, 독창적 상감기법 같은 것은 한국 제품임을 쉽게 알아볼 수 있는 고유의 색깔들이다. 이 같은 개성을 현대문화 속에서 접목하여 재현시킬 수 있어야 한다. 한국의 전통문화에서 풍겨 나오는 따뜻하고 담백한 분위기를 살려내, 시대적 변화에 걸맞은 새 문화를 접목하고 역동적 개성을 창출해야 한다.

하지만 이는 하루아침에 만들어질 수 없는, 오랜 전통과 경륜과 영감을 모아 가시적인 특성으로 발전시켜야 할 과제들이다.

일제 치하 총독부 청사였던 과거 중앙청 청사를 수치스러운 상처라고 없애버린 것은 역사 청산이 아니며 오히려 정체성을 희석시키는 행위라고 본다. 오히려 현장감 넘치는 유물을 통해 젊은 세대는 과거를 되돌아보며 자신의 정체성을 찾을 수 있고, 또 밝은 미래를 위한 지혜를 얻을 수도 있을 것이다.

"조용한 아침의 나라라는 한국의 이미지는 평화, 차분함, 우아함 등 미래사회가 추구하는 가치와 잘 부합된다."

미래학자 티모시 맥의 말이다. 유교 문화와 더불어 역사의식의 체질화는 민족 정체성을 공유하는 첫 출발이다. 이를 통해 지역 간, 계층 간 문화 이질감을 극복하여 국민 모두가 문화적 공감대를 형성했을 때 국가 정체성은 생명력을 갖게 된다. 그렇게 하나가 되었을 때 한국은 세계의 한복판에 설 수 있을 것이다.

미래는 창조하는 것이다

Real Corea
IN THE WORLD

" 이제 당신이
가지게 된 '앎' 이 무의식적으로
당신의 메타포 과정에 작용하여 매 순간
새로운 창조를 할 것이다. "

지금까지 당신의 내면에서 무의식적으로 움직이던 메타포 프로그램을 의식으로 끌어내, 한국이 이루어낸 기적을 되새김해 보았다. 그 과정을 통해 한국의 기적적인 발전을 일구어낸 힘인, 한국인의 기질과 능력은 당신에게 되먹임되었다. 그리고 당신의 위상과 좌표도 재확인되었다. 이제 당신은 자신이 얼마나 위대한 존재인지, 그 존재감을 다시 확실하게 안다. 자신에게 능력이 있음을 안다는 것은, 더 많은 것을 창조해낼 힘이 생겼음을 아는 것이다. 정체성이 바뀌고 존재감 또한 바뀐 것이다.

이제 당신이 가지게 된 '앎'이 무의식적으로 당신의 메타포 과정에 작용하여 매 순간 새로운 창조를 할 것이다.

01 메타포와 맵핑

전이, 연결, 창조의 과정은 계속적으로 반복되어 나타나며, 이 과정이야말로 창의적인 사고를 가질 수 있는 기본이다. 따라서 21세기 다양한 가치를 창출하기 위해서는 자신의 몸과 이미 하나 된 메타포 프로그램과 경험을 신뢰해야 한다.

메타포(Metaphor)와 맵핑(Mapping)은 하나의 영역(Domain A)에서 다른 영역(Domain B)으로 의미를 전달하는 역할을 말한다. 그런데 전달의 과정에서 이 둘은 확연히 구분된다.

메타포는 '옮기다(Transport)' 또는 '전이하다(Transfer)'라는 뜻을 가진 그리스어 동사 'Metapherein'으로부터 유래되었다. 메타포란, 하나의 의미 영역을 다른 의미 영역으로 전이시킬 때 상상력이 동원되는 것을 의미한다. 서로 다른 영역 사이에서 같은 것을 이식시킬 때, 우리는 어떤 대상(Object)에 대해 알아차리기 위해서는 일련의 관계를 알아야 한다. 그래서 비슷한 기억을 통해 그 관계성을 찾아 대상을 파악하는 것이다.

맵핑 역시 메타포와 같이 연결 기능이 있지만 맵핑은 연결 양쪽이 서로 같은 경우이다. 다시 말하면, 맵핑은 하나의 의미 영역을 다른 의미 영역으로 전이될 때 상상력이 동원되지 않고 그대로 전사(轉寫)되는 것을 의미한다. 이것이 메타포와 확실하게 다른 점이다. 그래서 정보 자체를 복사기로 복사하듯이 원본 그대로 보유하게 된다. 우리가 흔히 말하는 '암기'를 뜻한다. 이 과정에서 상상력으로 만들어지는 의미는 생략된다.

따라서 메타포는 해석이 필요하지만, 맵핑에는 해석이 필요 없다. 정보의 전달과 같은 맵핑은 대상을 대상 자체 그대로 받아들이는 것을 지향하기 때문에 선택이나 해석 등의 의미 변화가 없다.

메타포는 외부의 것을 우리의 몸을 통해 받아들일 때 일어난다. 따라서 감각·지각·상상·감흥을 가지고 기억하는 일련의 과정이 메타포 과정이다. 인간은 하루 종일 생활하면서 수많은 대상들을 보고, 듣고, 만진다. 거리의 간판을 보고, 물건을 사고, 음악을 듣는 것처럼 인간은 항상 지각을 하면서 살고 있다. 하지만 같은 대상에서도 사람에 따라 지각하는 것이 다르다. 그것은 대상을 지각할 때 모양의 전체적인 관계가 지각되는데 그 관계가 자신이 이미 가지고 있는 기억을 통해서 알게 되기 때문이다. 인간 은 자신이 보고 싶은 것만 보고 나머지는 무시한다는 폴 사이먼(Paul Simon)의 말은 우리가 무의식에 있는 기억을 메타포하여 대상을 지각하기 때문임을 잘 보여준다.

지각된 대상은 상상된다. 이때 상상은 새로운 것으로 하는 것이 아니라 자신의 기억을 통해서 하게 된다. 새로운 대상을 지각했을 때 그것을 파악하기 위하여 자신이 가지고 있던 기억과 어떠한 관계성을 가지고 있는지 알아내고자 상상을 한다. 따라서 지각된 것은 기억의 메타포를 통하여 상상되어진다. 상상을 할 때 자신의 무의식적인 기억은 의식화되어 감흥을 받게 되고 새로움을 알게 해주며 마음속에 강한 의미로 자리 잡게 된다. 새로운 의미로서 메타포되는 것이다.

이렇게 메타포란 무의식적인 마음이 움직이는 것으로 상상력(Imagination)을 통해 저장되는 과정에 의미가 치환(Displace), 전이(Transfer)되는 것이다. 이는 또한 정보를 단계화하는 것과는 다르며 우리의 마음을 진화하도록 해준다. 그렇기 때문에 메타포를 자기계발에 접목하여 응용할 때 이것이 바로 우리의 상상력을 창의적으로 진화시키는 방법이 될 수 있다.

무의식적인 메타포 과정은 크게 3단계의 반복이다. 첫 번째 단계는 '전이(Transfer)' 이다. 이것은 전혀 다른 두 영역(Domains) 사이에서 의미(Meaning)가 옮겨(Transfer)지는 것이다. 이것은 단순한 맵핑과는 달리 의미 자체가 변한다는 점에서 큰 차이가 있다. 두 번째 단계는 '연결(Link)'인데 여기서 옮겨진 의미는 일반적으로 자신의 의식적 기억과 무의식적 기억을 연결시킨다. 여기서 의식적 기억이란 우리가 통상적으로 말하는 기억을 뜻한다. 무의식적 기억은 DNA라고 말하는 유전학적인 기억에 새겨지는 것을 뜻한다. 이렇게 재조합된 것들은 세 번째 단계인 '창조(Create)'를 통해서 새로운 의미로 나타난다. 이는 현재의 경험과 합쳐지는 것이다.

이와 같이 전이, 연결, 창조의 과정은 계속적으로 반복되어 나타나며, 이 과정이야말로 창의적인 사고를 가질 수 있는 기본이다. 따라서 21세기 다양한 가치를 창출하기 위해서는 자신의 몸과 이미 하나 된 메타포 프로그램과 경험을 신뢰해야 한다.

02 메타포, 2010년 밴쿠버 동계올림픽 쾌거

김연아를 비롯한 여러 선수들이 셀 수 없이 많은 실패와 좌절, 그리고 부상과 역경을 딛고 다시 일어설 수 있었던 힘은 이미 메타포 프로그램에 의해 한국인 모두에게 갖추어진 기질이다.

2010년 밴쿠버 동계올림픽에서 한국인은 김연아 선수의 동작 하나하나에 함께 숨죽이고, 환호하고, 눈물을 흘렸다. 영국의 BBC는 '경쟁자들은 꿈을 꿀 수 없는 괴물 같은 점수', AP통신은 '인간 한계를 넘어선 연기'라고 김연아 선수를 극찬했다. NBC의 '오! 신이시여, 여왕 폐하 만세',

「뉴욕타임스」의 '김연아의 연기는 스포츠가 아니라 예술이다' 라는 세계 언론의 찬사에 우리는 김연아 선수와 함께 으쓱해졌다.

한국은 금메달 6개, 은메달 6개, 동메달 2개로 금메달 순위와 전체 메달 합계에서 세계 5위를 차지했다. 쇼트트랙에 한정되어 있던 메달 획득이 피겨스케이팅과 스피드스케이팅으로 확대되었다. 스피드스케이팅 1만m와 500m에서는 아시아인 최초로 금메달을 획득하기도 했다. 예전에 비해 출전 종목도 다양해졌으며, 첫 출전한 4인승 봅슬레이 팀도 결선에 올랐다.

한국의 자랑스러운 선수들은 미래를 기획했고 디자인했으며 실제로 만들어냈다. 막연한 '바람'이 아닌 명확한 비전을 세우고 막강한 추진력을 더해 만들어진 결과다. 선수들이 목표를 명확한 언어로 구체적이고 명료하게 디자인한 그 순간부터 그들의 잠재의식 속에는 그 목표에 대한 이미지가 확고하게 뿌리를 내린 것이다.

태극기를 두르고 막춤을 추며 즐거워했던 모태범 선수는 초등학교 때부터 훈련이 끝나면 자신에게 부족한 점을 구체적으로 점검하는 일기를 꾸준히 써왔다. 2009년 1월 22일 일기에는 '기초가 제일 중요하다'고 적혀 있다. 또한 '명심하자' '성공하자' '가능성이 있다'는 말이 자주 일기장에 등장한다. 이상화 선수는 스피드스케이팅 500m 경기 날짜에 동그라미를 치고 '인생역전' 이라고 적었다. 초등학교 1학년 때부터 일기를 써온 그녀도 '힘들어도 포기하지 않고 꼭 국가대표가 되겠다'고 썼다.

그들은 자신의 꿈을 늘 기억하면서 자신이 가는 길을 잃지 않기 위해 일기를 썼고, 또 자신의 정체성도 기록했다. 이렇게 해서 그들의 마음 판에 '꿈은 이루어진다' 가 각인되었다. 그리고 무의식중에 그들만의 독특한 능

력이 창조되었다.

한편, 2010년 동계올림픽은 우리 사회가 성장했다는 것도 느끼게 했다. 이규혁 선수는 1994년 릴레함메르 올림픽 때부터 4번의 실패를 딛고 이번에 다시 도전했으나 메달 획득에 끝내 실패했다. 그는 자기는 실패했지만 한국의 스피드스케이팅은 성공했다며 도리어 선수들을 위로했다. 메달을 획득한 후배들은 '내 우상이자 너무나 감사한 선배'라며 이규혁 선수가 실패하면서도 도전하는 모습이 있었기에 자신들의 성취가 가능했다고 말했다. 이규혁 선수를 격려하는 사회의 모습은 '1등만 아는 더러운 세상'이 아님을 한국인 모두가 느끼게 했다. 그리고 최선을 다하는 모습이 아름다울 수 있다는 사실도 깨닫게 해주었다. 한국은 이렇게 진화하고 있다.

또한 2010년 동계올림픽의 쾌거는 한국이라는 국가 브랜드 가치를 급상 승시켰다. 국민에게는 꿈과 환희, 자긍심을 갖게 했다. 모처럼 국민통합을 맛보게 했으며, 한국의 이미지 상승효과 또한 가져왔다. 그리고 선수들의 선전은 실업과 침체의 경제 상황 속에서 낙담하는 한국인들을 위로하고, 할 수 있다는 자신감과 희망을 주었다.

자신에게 능력이 있음을 안다면 더 많은 것을 창조해낼 힘이 생긴다. 정 체성이 바뀌고 존재감이 바뀌었기 때문이다. ‘안다’ 는 것이 메타포 과정 에 작용하여 새로운 창조를 했기 때문이다.

박세리 선수의 성공을 보면서 자란 ‘박세리 키즈’ 들이 골프의 꿈을 키 워 이제는 LPGA를 주름잡는 선수들이 되었다. 김연아 선수를 보면서 장 래의 피겨 여왕을 꿈꾸는 ‘김연아 키즈’ 들은 우리나라를 동계올림픽 강국 으로 만들고, 대단한 상업적 가치도 창출할 것이다.

김연아 선수는 금메달 획득 후 “이루어야 할 꿈이 있기에 오늘이 있었 다”고 했다. 메타포 프로그램이 꿈을 통해 정보를 받아들이고 해석하며, 새롭게 창조한다는 것을 잊지 말자. 그리고 지속적으로 되새김하여 마음 판에 새겨질 때 우리의 DNA에도 변화가 일어난다는 것을 말이다.

김연아를 비롯한 여러 선수들이 셀 수 없이 많은 실패와 좌절, 그리고 부상과 역경을 딛고 다시 일어설 수 있었던 힘은 이미 메타포 프로그램에 의해 한국인 모두에게 갖추어진 기질이다. 당신도 이루어야 할 꿈을 꾸고, 당신의 길을 자신 있게 가면 된다.

03 백미러를 보고 있지 않은가

한국인인 당신은 이미 수많은 위기를 만났고, 극복한 경험도 했다. 돌다리를 두드리며 망설이지 말고, 다리를 만나면 즉시 건너라.

‘돌다리도 두드려 보아야 한다’는 말이 있다. 그래서인지 많은 사람들이 다리 앞에 서서 다리를 두드리며 시간을 보낸다. 과거의 경험치로 다리의 안전도를 이리저리 재보는 것이다. 하지만 두드리면 두드릴수록 안전도를 알 수가 없고, 점점 오리무중에 빠진다. 이것은 스스로 앞을 보고 있다고 여기지만 백미러를 보고 있기 때문이다. 백미러를 보는 시선이 앞으로 향해 있기에 미처 깨닫지 못할 뿐이다.

백미러를 본다는 것은 당신이 과거의 기준, 과거 삶의 생활 패턴에 머물러 있다는 뜻이다. 지금은 많은 게 변했다. 많은 부분에서 개념이 바뀌었고, 심지어 시간과 공간의 개념도 바뀌었다. 이러한 시대에는 언제나 앞을 봐야 한다. 백미러로 뒤를 보는 것은 자긍심을 잃었을 때, 과거의 실적에서 자긍심을 되찾아오기 위한 것일 뿐이다. 좌절했으나 극복한 경험, 스스로 자신에게서나 타인에게서 인정받았던 기쁨을 보면서 자긍심을 되찾는 것이다. 그 외에 과거의 잣대를 현재에 쓰려고 하는 것은 잘못된 생각일 뿐이다.

다리는 우선 건너야 한다. 하지만 다리 저편에는 나아갈 기준이란 것이 없다. 캄캄한 밤, 북극성을 기준으로 삼아 방향을 세우고 가야 하는 것이다. 비전이라는 기준을 보고 다리를 건너 앞으로 가야 한다. 앞만을 향해 간다는 것은 무섭고 두려운 일이라 많은 사람들이 돌다리를 두드린다는 핑계를 대며 발을 떼지 못한다. 이럴 때 필요한 게 용기와 도전이다.

눈이 어지러울 정도로 빠른 시대에 정보는 쓰나미처럼 휩쓸고 지나간다. 당신이 돌다리를 두드리고 있는 동안, 용감한 21세기형 인간은 이미 돌다리를 건너 앞을 보며 나아가고 있다. 한국인인 당신은 이미 수많은 위기를 만났고, 극복한 경험도 했다. 돌다리를 두드리며 망설이지 말고, 다리를 만나면 즉시 건너라. 그리고 백미러를 통해 세상을 보지 말고 그저 정면을 바라봐라. 그것이 21세기를 사는 방법이다.

04 '열심히'를 버려야

당신은 이미 충분히 많은 지식을 가지고 있다. 온전히 스스로를 신뢰하는 태도만이 자신에게 준비된 자료와 정보들을 새로운 가치로 탄생시킬 수 있다.

한국인은 세계에서 스트레스를 가장 많이 받고 있다고 한다. 한국직무스트레스학회 자료에 의하면, 국가별로 직무에서 스트레스를 가장 많이 받는 직장인도 한국인인 것으로 나타났다. 일본인은 61.5%, 미국인은 40%, 유럽인은 28%인 데 비해 한국인은 무려 95%이다. 한국의 자살자 수는 암, 뇌혈관 질환, 심장질환, 당뇨병에 이어 5번째 사망 원인이 되고 있다.

한국인은 그동안 아주 열심히, 지나치게 경쟁적으로 살아왔다. '4당5락' '3당4락'이라는, 잠을 조금 자고 열심히 공부를 해야 대학 입학시험에 통과한다는 속설도 있다. 당면한 공부에 과잉 헌신을 하면서 자신이 합격할 만한 사람이라고 자위를 한다. 이러다 보니 사회에 진출해서도 늘 바

쁘다며 과잉 의욕을 갖게 된다. 바쁘지 않으면 불안해지고, 5시간만 자면서 일을 한다. 결과가 부실할 경우, 잠자는 시간을 최대한 줄여 '더욱 열심히' 한다. 그러면서 주위를 둘러본다. 경쟁자들을 떼어놓기 위해, 또는 따라잡기 위해 남이 하는 일은 다 해야 할 것처럼 여겨진다. 하지만 누구보다 부지런해도 반드시 효율적인 결과를 내지는 않는다. 시간을 들이면 들일수록 자신감은 더욱 고갈되어 간다. 그러면서 과로와 불안이라는 악순환에 빠지게 된다. 과잉 의욕으로 열심히 하지만 기대 이하의 실패자가 되어 간다.

당신은 이렇게 바쁠 필요가 없다. 경쟁적으로 자격증 수집가가 되어서는 안 되며, 자료를 모으느라 잠잘 시간을 버려서도 안 된다. 당신은 이미 충분히 가지고 있다. 저절로 메타포 되어진 자신의 자원들을 신뢰하라.

일단 잠을 충분히 자면서 당신의 두뇌가 스스로 정보를 정돈하는 것을 즐겨라. 그리고 스스로를 신뢰하라. 불안감이 유혹해도 내부에서 아이디어가 나올 때까지 스스로를 믿고 기다려야 한다. 그리고 마음의 문을 열고 당면한 문제를 해결할 수 있는 방향으로 인도하는 자극들을 즐겁게 받아들여라. 문제를 바라보는 자신의 태도가 중요하다. 당신은 문제를 최적으로 해결할 수 있다. 휴식을 취하며 여유롭게 지내면서 말이다. 휴식으로 명료해진 머리는 능률을 높여준다. 그리고 주변을 둘러볼 수 있는 여유가 당신에게 넓은 시야를 줄 것이다.

그러니 당신이 가져야 하는 것은 오직 자신감뿐이다. 당신은 이미 충분히 많은 지식을 가지고 있다. 온전히 스스로를 신뢰하는 태도만이 자신에게 준비된 자료와 정보들을 새로운 가치로 탄생시킬 수 있다. 잘해야 한다는 압박감도 버려야 한다. 따라서 '열심히' 라는 말을 버려라. 과도한 스트레스는 두뇌로 향하는 에너지를 고갈시키고, 자신의 능력을 방해한다. 신뢰를 감소시키고 불안을 증가시키는 그 어떤 것도 멀리하라.

05 신뢰하라

당신 자신을 알기 어렵기 때문에 좀 더 분명히 신뢰할 필요가 있다. 감춰진 진짜 당신이 신뢰를 통해서 발견될 것이기 때문이다. 당신 자신에게 신뢰를 한껏 쏟아준다면 당신에게 용기와 힘이 솟아나게 하는 칭찬과 강한 에너지를 갖게 될 것이다.

만 원짜리 지폐가 구겨지거나 더러워져도 여전히 그 가치는 만 원이다.

우리들 자신도 마찬가지다. 굳이 구겨진 지폐를 다림질해서 사용하지 않아도 되듯이 우리 자신에게 내재된 가치는, 스스로 매기는 만큼 그대로 보존되어 있다. 그런데 문제는 스스로를 신뢰하지 않는다는 데에 있다. 당신의 내면에 있는 가치는 누가 아무리 아니라고 우겨도 그 가치는 훼손되지 않는다. 당신 스스로가 그 가치를 인정하지 못할 뿐이다.

우리는 스스로가 부정하지 않는다면 자신이 가진 잠재력을 최대한 발휘할 수 있다. 그런 잠재력들이 당장 눈에 보이지 않는다고 해서 남들은 인정하려 들지 않을 것이다. 하지만 자기 신뢰가 있다면 당신이 캐낼 때까지 기다려 준다. 땅 위에 드러나 쉽게 우리가 보고 이용할 수 있는 자원은 고작 물과 공기, 그리고 흙과 나무 그런 것들이다. 인류가 단지 이 정도의 자원만으로 살아왔다면 지금 같은 발전은 없었을 것이다. 우리 인류는 땅속 깊은 곳에 자원이 묻혀 있다고 믿었다. 그리고 자원을 캐내 풍요로운 삶을 누려 왔다. 당신도 자신의 잠재력들에 대해 확고한 신뢰를 가져야 한다. 만일 당신이 내부에 감춰진 잠재력을 신뢰하지 않는다면 캐내지 않은 자원과 마찬가지로 영원히 묻혀 있을 뿐이다.

우리가 자유로운 상상을 별다른 제약 없이 할 수 있는 것처럼, 자기 자신에 대한 신뢰도 마찬가지이다. 그러한 신뢰가 자신에게서 아직 발견되지 않았던 자원들을 하나씩 출현케 한다.

자기 신뢰가 부족한 사람은 매사에 의욕이 생기지 않는다. 공연한 무력감에 빠져 자신감이 없어지고 점점 수렁 속으로 깊게 빠져든다. 의기소침해질 수밖에 없다. 그리고 자기 자신에 대한 신뢰가 부족하면, 자신이 스스로를 이간질한다. '네 주제를 알라' 면서 말이다. 충분한 능력이 있는데도 스스로 시도조차 하지 못하게 막는다.

당신 자신을 안다는 것은 매우 어려운 과제라고 할 수 있다. 하지만 당신 자신을 신뢰한다는 것은 결코 어려운 일이 아니다. 당신 자신을 알기 어렵기 때문에 좀 더 분명히 신뢰할 필요가 있다. 감춰진 진짜 당신이 당신의 신뢰를 통해서 발견될 것이기 때문이다. 당신 자신에게 신뢰를 한껏 쏟아준다면 당신에게 용기와 힘이 솟아나게 하는 강한 에너지를 갖게 될 것이다.

06 꿈을 꾸어라

행동으로 옮기지 않은 꿈은 꿈이 아니다. 그것은 망상이고 몽상일 뿐이다. 꿈을 찾아가는 길은 신나는 일이다. 장애물을 넘는 것도 신나는 일이다.

21세기를 사는 우리에게 삶은, 격랑이 일고 있는 망망대해를 일엽편주로 떠다니는 느낌이 들 만큼 모호하다. 어디로 나아가야 할지 알 수가 없다. 복잡하고 방대한 정치적·경제적·기술적·감정적 작업 등 복잡한 미로 한복판에 있는 듯하다. 이런 모호함 속에서 헤매는 우리를 안내하는 것이 바로 꿈이다.

꿈은 인간의 머리에서 이미지로 만들어지고 실제의 물질세계에서 가시화된다. 그래서 꿈은 보이는 것을 넘어, 보이지 않는 미래를 만들어내는 상상의 열매라고도 할 수 있다. 따라서 우리는 보이지 않는 내일을 불안해할 필요가 없다. 내일은 우리가 상상하는 모습으로 온다. 미래는 우리가 창조하는 것이며 그 창조의 방향성이 바로 꿈이기 때문이다.

과거에 '잘살아보세'를 노래하며 꿈을 꾸었기에 한국의 지금이 있다. 이렇게 미래는 예측하는 것이 아니라 꿈에 의해 만들어지는 것이다. 꿈은 우리가 일생을 통해 이루어낼 건축물의 설계도와 같다. 설계도에 입각한 목표들을 하나씩 이루어가면서 모호한 안개를 걷어내는 것이다. 꿈과 삶은 점점 명확해진다. 이렇게 점점 가시화되는 건축물을 보면서 우리는 좀 더 확실한 성취를 향한 걸음을 내딛을 수 있다.

그래서 삶의 목적의식을 꿈이라 한다. 따라서 그 방향성이 명확해야 한다. 어디로 가야 할지 모른다면 그것은 삶을 낭비하는 것이기 때문이다. 꿈을 향해 나아가면서 당신은 끝없이 펼쳐지는 꿈의 확장을 보게 될 것이다. 그리고 자기 삶의 목적이 가치 있는 것이라는 신념이 마음속에 가득 차올라오는 것도 느끼게 된다. 그것이 추진력을 지속적으로 유지하게 한다.

당신의 꿈, 전체 그림을 다시 기억하면서 당신이 할 수 있는 것과 할 수 있다고 꿈꾸는 것은 무엇인가. 지금 바로 그것을 시작하라. 행동으로 옮기지 않은 꿈은 꿈이 아니다. 그것은 망상이고 몽상일 뿐이다. 꿈을 찾아가는 길은 신나는 일이다. 장애물을 넘는 것도 신나는 일이다. 목표점을 하나하나 지날 때마다 느끼는 그 희열을 누가 알겠는가.

꿈이 있는 사람은 누구보다도 더욱 민감하게 세상을 이해하게 되고, 사물과 사람들과 함께할 수 있다. 그리고 자신 있게 삶을 계획하고, 도전할 수 있게 된다. 그리고 그 이루어짐을 믿는다.

'To see is to get.'이라는 영어 표현이 있다. '보는 것을 얻을 것이다'라는 말로, 성취하고 싶은 것은 먼저 눈으로든 꿈으로든 그려보아야 한다.

성취하고자 하는 것을 마음으로 먼저 그려보는 꿈을 꾸어도 좋다.

하지만 대부분의 경우 자신이 진정으로 원하는 것을 잘 모르는 경우가 많다. 대개 그저 '좋은 것을 갖고 싶다' 또는 '되고 싶다'는 막연한 생각만을 한다. 하지만 그 좋은 것은 때에 따라 모순(矛盾)일 경우도 많다. 즉, 창조의 대상이 명확하지 않은 것이다. 무엇을 만들어낼 것인지 명확해야 창조가 가능해지는 것임을 명심하라.

07 창조하라

창조는 정해진 규칙을 깨뜨리는 것에서 출발해, 제한된 사고의 틀을 벗어나야 한다. 창조의 원칙은 자신만의 것이다. 준비된 지식과 기술에 자신만의 독특함을 가미해 새롭게 만들어 내야 한다.

지금까지의 지식산업은 지식을 가치화해야 함을 알게 해주었다. 그리고 많은 정보 속에서 자신이 원하는 정보를 분별해야 한다는 것도 알게 해주었다. 또한 자신이 원하는 정보를 가지고 원하는 가치를 만드는 것이 바로 창조임을 알게 해주었다. 요리를 예로 들자면, 기존에 있는 조리법을 따라 훌륭한 식탁을 차리는 것은 지식산업시대의 상차림이라고 할 수 있다. 많은 요리들 중에서 내가 할 수 있는 요리, 내 형편에 맞는 요리를 찾아내어 제시된 방법으로 만드는 것이다. 잘 만드느냐 못 만드느냐는 연습과 성의에 의해 좌우된다.

그러나 여기에서 벗어나 자신만의 독특한 음식을 만들어내는 것, 그것이 바로 창조작업이다. 이것이 중요한 가치로 부각되는 사회가 현대 사회이고, 21세기의 새로운 물결이다.

한국인인 당신은 이미 이런 기질을 잔뜩 갖고 있다. 한국이 경험한 모든 것은 한국인인 우리 각자의 개성에 맞게 새로운 경험으로 내부에 메타포 되었기 때문이다.

앞에 설명한 대로 메타포는 전이, 연결, 창조의 과정이 계속적으로 반복되어 나타난다. 이 과정을 통해 당신은 창의적인 사고를 가질 수 있는 기본 바탕을 마련하였다. 따라서 21세기가 원하는 다양한 가치를 창조해 내기 위해서 자신의 몸과 이미 하나 된 메타포와 창조 능력을 신뢰해야 한다.

메타포에 의해 이미 형성되어 있는 자신만의 독특함으로 새로운 물결을 일으키는 한국인이 늘고 있다. 창조는 정해진 규칙을 깨뜨리는 것에서 출발해, 제한된 사고의 틀을 벗어나야 한다. 창조의 원칙은 자신만의 것이다. 준비된 지식과 기술에 자신만의 독특함을 가미해 새롭게 만들어 내야 한다. 우리가 열정을 갖고 해낸 창조 작업은 성취감을 느끼게 하고 자존감을 충족시킨다. 그렇게 해서 삶의 의미를 되찾아 질적으로 향상된 삶을 살아갈 수 있게 되는 것이다. 이것이 바로 자기 주도적인 삶이고, 21세기가 원하는 인간형이다.

08 21세기형 인간

당신은 이제 미래를 창조하는 창조자이다. 미래를 불안해 할 필요가 없다. 오늘의 삶이 내일을 만들 것이기 때문이다.

우리는 21세기, '창조' 라는 개념이 부각되는 사회를 살고 있다. 그리고 세계에 우뚝 설 한국의 중심에 서 있다.

지금껏 수많은 성공학 책이 팔려 왔고, 또 팔리고 있다. 하지만 그런 책을 읽고 성공한 사람이 얼마나 될까. 극소수의 사람들만 성공했을 것이다. 그 이유는 딱 한 가지이다. 책을 읽기만 하기 때문이다. 이 말은 두뇌에 맵핑만 했다는 말이다.

사람들은 책을 잘 읽었다고 하면서 덮는다. 그리고 그 순간 책은 자기와는 상관이 없다고 생각한다. 겸손함이 지나쳐 스스로가 성공할 가능성이 있는 사람이라고 생각하지 못하기 때문이다.

지금까지 여러 사례를 통해 이해하기 힘든 메타포에 대해 얘기한 것은 당신에게 '대단한 한국인' 이라는 정체성을 확립시키기 위해서였다. 그리고 당신에게 내재된 메타포라는 프로그램을 이해시키고, 그것으로 만들어진 자신의 자원을 신뢰하게 하기 위함이었다. 그리고 당신도 창조자가 될 수 있음을 알려주기 위함이었다.

당신은 이 책을 덮는 순간 대부분의 내용들을 잊게 될지 모른다. 인간의 의식은 불과 16bit PC 수준이기 때문이다. 하지만 무한한 무의식층에 각인시키기 위해서는 필요할 때 또 보는 것으로 한계를 극복할 수 있다. 그 순간순간의 경험이 다르기에 메타포 프로그램은 저절로 돌면서 항상 새로움으로 당신의 가치와 창조 능력을 향상시킬 것이다.

자, 그러면 21세기형 인간이 되기 위한 방법을 다시 정리해보자.

1. 나는 한국의 기적을 만들어낸 대단한 존재이다.

2. 나의 내면에는 이미 성취 경험이 확실하게 자리 잡고 있다.

3. 백미러를 보지 않고 진짜 앞을 본다.

4.'열심히'라는 말과 '경쟁의식'을 버렸다.

5. 나 자신을 신뢰한다.

6. 늘 꿈을 꾼다.

7. 자신 있게 나의 꿈을 향해 나아간다.

당신은 이제 미래를 창조하는 창조자이다. 미래를 불안해 할 필요가 없다. 오늘의 삶이 내일을 만들 것이기 때문이다. 주도적인 삶을 구가하는 존재이기에 남의 눈치를 볼 필요가 없다. 당신이라는 그릇은 이제 세계의 중심에 우뚝 설 한국인으로서의 대형 그릇이 되었다. 여기에 당신만의 것을 만들어 담는 것이다. 그것이 당신의 미래이다.

과거 '잘살아보세' 를
노래하며 꿈을 꾸었기에 지금의 한국이 있다.
미래는 예측하는 것이 아니라 꿈에 의해 만드는 것이다.
꿈은 우리가 일생을 통해 이루어낼 건축물의
디자인과도 같다.

세계 속의 *리열* 코리아

초판발행	2010년 6월 7일
중　　쇄	2012년 12월 1일

지 은 이	백석기, 김억, 이화순
펴 낸 이	채종준
기　　획	김남동
편　　집	김미미
마 케 팅	김봉환
아트디렉터	양은정
표지디자인	이효정
본문디자인	황혜정

펴 낸 곳	한국학술정보 ㈜
	경기도 파주시 교하읍 문발리 파주출판문화정보산업단지 513-5
	T.031-908-3181　F.031-908-3189
	이메일 publish@kstudy.com (출판사업부)
	홈페이지 http://ebook.kstudy.com
등　　록	제일산-115호(2000. 6. 19)
ISBN	978-89-268-1030-9 03180　(Paper Book)
	978-89-268-1031-6 08180　(e-Book)

이담 Books 는 한국학술정보(주)의 지식실용서 브랜드입니다.